Normale Leute

Gedächtnisreihe Ludwig Marxer

Normale Leute

Erzählungen

Sabine Bockmühl

van Eck Verlag

Die Deutsche Nationalbibliothek verzeichnet diese Publikation in der Deutschen Nationalbibliografie; detaillierte bibliografische Daten sind im Internet über http://dnb.d-nb.de abrufbar.

Ein großer Dank gilt der Sponsorenfamilie Dr. Peter Marxer, Vaduz.

1. Auflage 2017
www.vaneckverlag.li

Lektorat: Martin Zingg
Korrektorat: TransWrite – Erika Krammer-Riedl
Gestaltung und Satz: Graphikbüro Graul
Druck & Bindung: CPI Books
Printed in Germany
ISBN: 978-3-905881-54-7

Picard: «Es gibt kaum etwas Wichtigeres
als das Studium der Philosophie.»
Crusher: «Bei meinem Examen wird mich sicher
niemand nach William James fragen.»
Picard: «Nach wichtigen Dingen wird nie gefragt.
Man kann beinahe jeden ausbilden,
damit er die Mechanik des Raumflugs versteht. [...]
Es geht um mehr. –
Beschäftige dich auch mit der Vergangenheit.
Kunst, Geschichte, Philosophie.
Das alles wird dir im Leben weiterhelfen.»

Gespräch zwischen Captain Jean-Luc Picard und Ensign Wesley Crusher
in Star Trek – The Next Generation, Staffel 2, Episode 17

Für Lisa

Inhaltsverzeichnis

Bitterkraut	7
Die gestohlenen Minuten	19
Föhnwalzen	27
Die Sache mit Udo	37
Morgana und Fantomas	55
Fulgurit	63
Aufs Geratewohl	71
Bipolarnacht	89
Phasen der Taubheit	103
Diesmal	119
Banal Grande	123
Der Schierling	135
Zum Schluss	149

Bitterkraut

Ob sie schon gehört habe, fragte man sie an diesem Tag in der Bäckerei. Man höre vieles, aber nein, habe sie nicht. Der Sigi sei verschwunden, wie vom Erdboden verschluckt. Man suche überall nach ihm. Von Bergwald bis Flussufer. Sie schob die Brötchen in die Tasche und fuhr nach Hause. Die Erben würden sich zerfleischen, denn man erzählte sich, er besitze das halbe Dorf. Aber vorerst galt er als vermisst. Er könnte auf Kreuzfahrt gegangen sein, auf Jagd in die Karpaten. Er könnte wer weiß wo stecken, an Orten, auf die niemand kam.

Die Heizerei war beschwerlich und band sie in den kalten Monaten ans Haus. Sie hätte sich längst eine kleine Wohnung mit Zentralheizung nehmen können. Körbe mit Brennholz aus dem Schuppen zu schleppen, das passte nicht zu Tablet und WhatsApp. Aber sie wollte ausharren und das Wohnrecht nicht aufgeben, das Sigi ihr hatte gewähren müssen. In ihrem Elternhaus. Sie wuchtete den Korb in die Küche, öffnete die Ofentür und spähte hinein. Im Inneren leuchtete die Glut, Hitze schlug ihr ins Gesicht. Noch heißer, dachte sie, es muss noch heißer werden. Sie schob fünf große Scheite nach hinten und sah zu, wie sich nach kurzer Zeit die Flammen darüber hermachten.

Sie erschrak, als hinter dem Fenster der Haustür ein Gesicht auftauchte, das Milchglas verzerrte es zur Fratze.

Das Klingeln erschien ihr lauter als sonst, Dringlichkeitsstufe 1. Es war der Dorfpolizist, der in der Kälte stand. Den musste sie wohl reinlassen. Die Störung am Samstag tue ihm leid, meinte er, und betrat, den Kopf unter dem Türstock einziehend, die Stube. Schön warm ist es bei dir. Es geht um Sigi. Man sagt, er sei am Mittwochnachmittag bei dir gewesen. Sie stellte ihm einen Kaffee hin, den er dankbar schlürfte. Sigi gehört das Haus, meinte sie und nahm ihre dampfende Tasse an den Tisch, er schaut ab und zu hier rein. Wann genau er gegangen sei. Sie habe nicht auf die Uhr geschaut, irgendwann zwischen vier und fünf. Der Polizist nahm ein paar Schlucke. So, wie es aussehe, sei er danach verschwunden, niemand habe ihn seither gesehen. Komisch sei das. Seine Tochter mimt die Verzweifelte, aber unter uns gesagt: Die kann das Erben gar nicht abwarten. Außerdem stehe sein Auto in der Garage. Der Polizist bedankte sich für den Kaffee und ging. Man hatte also beobachtet, dass Sigi zu ihr gekommen war, nicht aber sein Verlassen des Hauses. Erstaunlich, dass die Nachbarschaft doch nicht alles mitbekam. Er war zu Fuß unterwegs gewesen. Sigi spazierte gern durchs Dorf und begutachtete seine Liegenschaften. Er könnte beim Inspizieren seiner Objekte in irgendeinen Keller gestürzt sein. Das tat er gern, seine Nase in die Angelegenheiten der Mieter stecken, kontrollieren, ob nicht zu viele Müllsäcke in den Ecken standen und das Laub ordentlich weggefegt war.

Das Smartphone kündigte ihre beiden Enkelkinder an: Wir kommen. Halbe Stunde. Das Auto ihrer Tochter fuhr wenig später mit Schwung auf den Parkplatz. Der Kleine kletterte mit einem Rucksack aus dem Wagen und rannte aufs Haus zu. Hinter ihm folgte ihre Tochter mit ihrer Enkelin, die Kaugummi kaute und sich mit Kopfhörern weggestöpselt hatte. Ihre Tochter redete auf die Enkelin ein, hektisch. Sie war wieder genervt. Sie war immer genervt. Der Kleine stolperte in den Flur, umarmte sie ungestüm. Nana, Nana, rief er. Der Nachzügler mit dem zweiten Schwiegersohn. Halbbruder und Halbschwester. Das Mädchen, ein dünnes Ding mit langen Haaren und schwarz umrandeten Augen, schlurfte als Letzte ins Haus, mit ihren Gummidaumen betanzte sie den Bildschirm des Smartphones.

Mein Gott, leg wenigstens für ein paar Minuten dieses Ding weg, das ist ja nicht auszuhalten, sagte ihre Tochter, ich muss gleich wieder, die Sitzung ist in fünf Minuten, ich bin spät. Dabei strich sie flüchtig über ihre Hand und war gleich wieder weg. Tauchte immer nur so kurz auf, dass man sie nicht vergaß. Das Mädchen ließ sich in den Ohrensessel fallen, warf die Beine über die Lehne und bearbeitete das Display. Der Kleine drehte seine Runde durch alle Kammern des Hauses, sie hörte die oberen Dielen knarren, er war gerade im Gästezimmer. Wahrscheinlich suchte er die Katze, die sich immer unter dem Bett verkroch, wenn der Kleine kam. Nana, ich habe Hunger, sagte er später. Sie kannte das Spiel: Sie würden in der Küche sitzen und gemeinsam ein Wunschmenü zubereiten. Die Große würde irgendwann dazustoßen, erst wortkarg und mit verschlossenem Gesicht. Also gut, Bratäpfel, sagte sie. Im Ofen, rief der Kleine. Mit Schlagsahne, sagte die Große.

Mit Verwunderung hatte sie eines Tages festgestellt, dass sie Großmutter geworden war, schneller und unerbittlicher, als ihr lieb gewesen war. Die Großmutter im Hexenhaus, die Bratäpfel mit Leckereien stopfte. Sie zog die Jeans hoch und drapierte das Sweatshirt neu. Coole Hose, sagte die Große. Meine Generation wird die erste sein, die aus Star Wars zitiert und den Enkeln von Major Tom vorsingt, dachte sie. Und in jungen Jahren gekifft hat. Für die Woodstock keine Modemarke, sondern die Sehnsucht schlechthin bedeutet hatte. Sag mal, fragte sie die Große, wie sieht es eigentlich bei euch mit Haschrauchen aus? Nana, also wirklich, wie kannst du so etwas fragen, es reicht, wenn Mama mich dauernd ausquetschen will, ob wir uns zudröhnen. Und? Dröhnt ihr? Die Große wurde rot. Ja, … ab und zu. Sie reichte ihr den letzten gefüllten Bratapfel. Kann ich in den Ofen schauen? Das Feuer schauen?, rief der Kleine und hatte die Hand bereits am Riegel der Ofentür. Nein, nein, sagte sie und packte seine Hand, nicht heute. Das Wetter, es drückt den Rauch ins Haus. Es ist heut recht warm bei dir, Nana, wie in einer Sauna, sagte die Große. Wie war das bei euch, Nana, damals, hast du einen Freund gehabt vor dem Neni? Ja, da sind schon ein paar Liebeleien gewesen, warum? Die Große schaute sie skeptisch an. Sie schmunzelte. Ich bin einmal recht hübsch gewesen früher, sagte sie, dauernd Krach habe ich mit der Mutter gehabt wegen dieser neumodischen Jeans, der Ledertasche mit den Fransen und dem anderen Hippiezeug. Und erst die Musik, damit habe ich sie alle wahnsinnig gemacht, mein ganzes Taschengeld habe ich für Schallplatten ausgegeben. Jimi Hendrix war mein Held. Und David Bowie. Es gab da einen Beatschuppen, wo wir getanzt, ziemlich viel Wein getrunken und herumgeschmust haben. Bis die Polizei den Laden dicht gemacht hat, weil er illegal war. Nana, das soll ich dir glauben? Die Große schüttelte den Kopf und zog den Pullover aus. Es ist wirklich sehr warm, sagte sie.

Der Duft der Bratäpfel hing noch im Haus, als es dunkel geworden war und sie mit der Katze neben sich auf dem Sofa lag. Der Fernseher plärrte vor sich hin. Der Besuch der Enkelkinder hatte sie vom Grübeln abgelenkt. Wenigstens hatte es aufgeklart und der Rauch zog besser ab. Am Tag zuvor hatte der Nebel den Rauch zwischen die Häuser gedrückt, richtige Schwaden waren von den Schornsteinen über die Dachschrägen gezogen. Es rieche ekelhaft, hatte eine Nachbarin bemerkt, als sie draußen am Briefkasten stand und die Schlagzeilen las. Es stinkt wie mottendes Tier, als ob jemand seinen Hund verbrennt. Ja, hatte sie beigepflichtet, das komme sicher von irgendeinem Bauernhof, von diesem fermentierten Silofutter.

Es gab keine lineare Zeit. Manchmal war ihr, als sei alles gleichzeitig. Wenn eine Erinnerung wie eine Fäulnisblase aus der Tiefe stieg, war alles da, kein Polaroidbild, sondern dicht und körperlich spürbar. Nichts kann getilgt werden, es schlummert nur. Man muss aufpassen, dass man es nicht weckt. Wenige Worte genügen. *Hast du einen Freund gehabt vor dem Neni? Nana?* Die Begierde hat sich noch nie etwas aus Moral gemacht. Damals, als die Achtundsechziger an die Verkrustungen geprallt waren und sich an der katholischen Moral wund gerieben hatten.

Soll ich ihn dir zeigen, willst du ihn sehen?, sagte Sigi in dieser Nacht zu ihr, willst du ihn *fühlen*? Wen, fragte sie, wen denn? Er hatte sie nach Hause begleitet und stand nun bei ihr unter dem Türsturz. Sigis Atem, daran erinnerte sie sich noch heute, roch nach Walderde, was sie überraschte. Er fingerte an ihrem Hosenbund, befingerte mehr, als ihr lieb war. Nein, wollte sie sagen, nein, ich bin nicht einmal verliebt in dich. Trotzdem schwappte er mit ihr ins Haus. Er wusste sehr wohl, dass ihre Neugier stärker war, dass sie an diesem Abend das erste Mal Hasch geraucht hatte und ihm nur lauen Widerstand entgegenbrachte. Es war die Lust, in dieses Haus etwas Verbotenes zu entlassen, etwas Unerhörtes. Entgegen allen Erwartungen war Sigi nicht der hirnlose Stier, sondern drang beharrlich, aber behutsam zu ihr vor, bis sie schließlich in ihrem Mädchenzimmer mit den schweren Kommoden und den psychedelischen Postern landeten. Die nächtliche Entfaltung, die sich zum schalen Gefühl eines Fehltritts wandelte. Die kleinen Blutflecken auf dem Leintuch, die sie noch im Morgengrauen mit Seifenwasser auswusch. Mit der stillen Befriedigung, der Bigotterie ans Bein gepinkelt zu haben. Als ihre Periode zwei Wochen überfällig war, gestand sie sich Sigis Hinterlassenschaft ein. Und was bekam sie von ihm zu hören? Ich habe gedacht, du nimmst die Pille, die nehmen doch jetzt alle, wie kann man nur so blöd sein. Er lasse sie nicht im Stich, sagte er und drückte ihr ein paar Hunderter in die Hand, fürs «Wegmachen». Kurz darauf trieb es Sigi über den Rhein in die Schweiz, wo er sich in einer Ausbildung verschanzte und sich keinen Deut mehr um sie scherte. Damals konnte man sich noch spurlos vom

Acker machen und unerreichbar bleiben. Die Flower-Power hatte es schlichtweg nur auf die Plattenteller der Stereoanlagen geschafft, die kleinen Joints und Paisley-Blusen vermochten nichts auszurichten gegen den Adlerblick der Mutter, gegen ihre Spürnase, die das Verbotene an ihr erschnüffelte. So kam es, dass sie ziemlich schnell einen Verlobten ins Haus brachte, der zwar rechnen konnte, aber keinen Ton über das Siebenmonatskind verlor. Es wäre schön gewesen, die große Liebe erfahren zu haben.

Der Nachmittag warf sein Licht in den Gang und auf die Tür zur Kellertreppe. Sie füllte den Putzeimer mit heißem Wasser und betrat, mit der Bürste in der Hand, den Treppenabsatz. Es war eine halsbrecherische Treppe, die in den von Spinnweben übersäten Keller führte. Schmal, kantig, gefährlich gewunden. Ein einziger Fehltritt konnte übel enden. Stufe um Stufe bürstete sie die Trittflächen und geriet auch an den großen Fleck auf der drittuntersten Stufe. Sie versuchte es mit Chlorreiniger, aber die Ränder des Flecks, der an Frankreich erinnerte, hatten sich im Beton festgesetzt, sie konnte scheuern und fluchen, wie sie wollte. Seufzend ließ sie Frankreich Frankreich sein und schaute nach dem Feuer. Die Glut leuchtete auf, als sie ihr ein paar Scheite hinwarf und sie mit einem langen Stock schürte, bis sie sich hell lodernd aufbäumte.

Es kam nur noch selten vor, dass sie sich eine Zigarette gönnte und draußen vor der Haustür rauchte. Die Nachbarin gesellte sich kurz zu ihr und bemerkte, dass der Gestank endlich verschwunden sei, jetzt, wo sich der Nebel verzogen habe. Ob man etwas von Sigi gehört habe, fragte sie, aber die Nachbarin schüttelte den Kopf. Man munkelte, man habe ihn ermordet oder entführt. Ach was, sagte sie, das kommt vom vielen *Tatort*-Schauen. Sicher sei Sigi in den Ferien oder in seiner Hütte in den Bergen. Ja, er sei bei ihr gewesen an diesem Tag, habe nach dem Rechten sehen wollen in *seinem* Haus. Der Depp habe den Keller inspizieren wollen, ob das Stützholz nicht morsch sei. Na, dann geh halt schauen, habe sie zu ihm gesagt, wenn du unbedingt da hinunterwillst, wirst eh nur ein paar staubige Flaschen und Mäusedreck finden. Danach sei er gegangen. Die Nachbarin blickte sinnierend zur Bergkette hinauf und meinte: Man soll ja nicht schlecht über vermeintlich Tote reden, aber um den Sigi wäre es nicht schade, so wie der die Leute übers Ohr gehauen hat. Sie drückte ihre Zigarette aus und schickte sich an, ins Haus zu gehen. Ich meine, rief die Nachbarin ihr zu, wie der an dein Elternhaus gekommen ist.

Sie ging ihren Tagesgeschäften nach, schrieb einen Artikel für die Zeitung über die Theateraufführung der hiesigen Feuerwehr, die sie wohlwollend kommentierte. Man muss über das Mittelmaß hinwegsehen können, sonst wird man wahnsinnig. Gegen Abend legte sie nochmals Holz nach. Es brannte hell und freundlich, auch wenn sie im hinteren Teil der Brennkammer Schatten sehen konnte. Schwarze, gekrümmte Formen, die an eine Kralle erinnerten. Sie kramte eine CD von Bob Dylan und ihr Strickzeug heraus und richtete sich im Sessel ein. Sie hatte erwartet, dass es sich legte, dass sich der Groll verflüchtigen würde wie der Rauch, der durch den Schornstein steigt und sich mit der Nachtluft vereint. Aber ihre Gedanken drehten Kreise und ihr Herz klopfte. Mindestens dreimal musste sie eine gefallene Masche mühsam wieder hochziehen, was hässliche Maschengänge hinterließ. Da konnte nicht einmal Bob etwas ausrichten. Ich weiß, dass du deinem Mann unseren Balg untergejubelt hast, hörte sie Sigi sagen, als er mit den Händen in den Hosentaschen in ihrer Stube stand und seinen Sperberblick über ihre Einrichtung gleiten ließ. Ich habe ihn aufgeklärt, vor Jahren. Ein gutmütiger Trottel war er, wenn da nur nicht diese Spielschulden gewesen wären. Es hatte sie damals fast der Schlag getroffen – Hunderttausend sollte sie auftreiben, um das Laster des zu plötzlich Verstorbenen zu entgelten. Wenn ich nicht gewesen wäre damals, sagte Sigi. Und du mir nicht das Haus unterm Hintern weggestohlen hättest, dachte sie. Nun muss *mein* Haus mal wieder inspiziert werden, grinste Sigi, mit dem Keller fange ich an. Tu, was du nicht lassen kannst, sagte sie und sah sie vor sich, ihre zitternde Hand, die sich auf die Klinke legte, den Lichtschalter kippte. Die erhellte Treppe, die sich nach unten wand. Sie legte das Strickzeug zur Seite. Nichts war leichter geworden. Gar nichts.

Der Besuch ihrer Enkelkinder und ihrer Tochter am nächsten Tag gab ihr etwas Boden zurück. Sie ließ der Tochter eine Tasse Kaffee aus der Maschine und stellte der Großen und dem Kleinen ein Glas Cola hin. Du weißt, dass Cola ungesund ist, sagte die Tochter. Das Vorrecht der Großmütter, sagte sie, das ist nun mal so. Die Große kicherte. Du verwöhnst sie, sagte die Tochter und studierte ihr Smartphone, drum sind sie wohl so gern bei dir. Eine Sitzung?, fragte sie und war nicht sicher, ob die letzte Bemerkung von einer gewissen Schärfe begleitet war. Nein, eine Veranstaltung, da kann ich die beiden nicht brauchen, ein Zehn-Kilometer-Lauf durchs Dorf, den wir organisieren. Sie betrachtete ihre Tochter, die vor dem Fenster saß; das Winterlicht spielte mit ihren Konturen, einzelne Haare leuchteten auf und ihre Wimpern glänzten. Sie gleicht *mir*, dachte sie, nicht *ihm*, da ist äußerlich nichts von ihm haften geblieben. Sie fühlte den Schmerz, den altbekannten, der als spitzes Geröll durch ihren Brustkorb stürzte. Wochenbettdepressionen, hatte die Hebamme damals gesagt, nichts Unübliches. Mama?, fragte ihre Tochter, träumst du? Ich muss los, ich hole sie um sechs wieder ab. Sie erhob sich und begleitete sie zur Tür, rief ihren Namen. Ja, Mama? – Um sechs?, fragte sie nochmals nach. Ja, Mama, um sechs. Sie berührte den Arm ihrer Tochter, er war sehnig und stark, sie war sportlich. Eine Läuferin. Läuferin von klein auf. Da beugte sich die Tochter unerwartet zu ihr und küsste ihre Wange. Bis später, rief sie und verließ das Haus. Es war fürchterlich, wie ihr da die Augen überquollen, wie ein Überfall. Nana, Nana, rief der Kleine, kann ich heute das Feuer anschauen? Sie drückte den Ärmel auf die Augen, ließ ihn dann die Ofentür öffnen und kniete sich mit knackenden Gelenken hinter ihn. Die Große gesellte sich dazu. Alle drei schauten sie schweigend ins Ofenloch und beobachteten den Fraß der Flammen. Das ist unheimlich, Nana, sagte die Große plötzlich, was man da alles sehen kann. Sie nahm den langen Schürhaken und stocherte in den Flammen und den verkohlten Holzstücken. Siehst du, alles nur Einbildung. Gruselig, sagte die Große. Cool, sagte der Kleine.

Die Leute sehen, was sie sehen wollen. Als die Enkel gegangen waren, saß sie in der Stube und wog das Telefon in der Hand. Es war schnurlos und leicht. Sie wünschte, es wäre ein altmodischer Bakelithörer gewesen, der hätte anders in der Hand gelegen. Sie nahm das Telefon in die andere Hand, gab es der einen wieder zurück. Ob wohl ein Dorfpolizist am Samstagabend noch im Dienst war?

Die gestohlenen Minuten

Im Zug vom Büro zum Hauptbahnhof ließ sie den Tag Revue passieren, überlegte sich den Arbeitsplan für den nächsten Tag oder notierte sich die Einkäufe, die sie zu erledigen hatte. Meist musste sie im Gang stehen, unangenehm zwischen den anderen Pendlern eingepfercht, eingehüllt in das Quietschen der Zugbremsen, das in jeder Kurve in die Gehörgänge schnitt. Sie nahm die Gerüche wahr, die ihre Mitpassanten verströmten, und hörte gezwungenermaßen den Halbgesprächen zu, die in die mobilen Telefone geplappert wurden. Kam der Zug auf Gleis drei zum Stillstand, sprang sie die Tritte hinunter und eilte am Bahnsteig entlang. Drei Minuten gingen für den Gleiswechsel drauf, die restliche Viertelstunde stand zu ihrer freien Verfügung. Manchmal zählte sie, wie viele Reisende eine Freitag-Tasche umgehängt hatten, oder welche Frau ihre Haare nicht gefärbt hatte. Manchmal versuchte sie zu erraten, wohin Reisende unterwegs waren, wenn sie monströse Koffer über den Platz manövrierten. Sie stellte sich die Antillen vor oder eine Hotelanlage auf den Kanarischen Inseln. Manchmal schlenderte sie an den Geschäften vorbei, betrat auch schon einmal die Parfümerie, wo sie Löschpapierstreifchen mit Eau de Toilette besprühte und in die Handtasche schob. Ein anderes Mal kaufte sie ein Brötchen und warf, sehr zum Unwillen einiger Gleisarbeiter, den Bahnhofsspatzen die Krumen hin und amüsierte sich, wenn sie darum keiften. Zur Weihnachtszeit begutachtete sie die Stände in den Holzhäuschen mit den glitzernden, schönen Waren in der Wartehalle. An manchen Abenden, wenn sie besonders müde war, lehnte sie an einem der Gepäckständer und betrachtete die neuerdings bewegten Reklamebilder an den Leinwänden. Auch einen starken italienischen Kaffee gönnte sie sich ab und an von der Bar, dazu ein großes Amaretto-Gebäck, das sie an einem der Tischchen vor der Bar genoss, die Beine übereinandergeschlagen. Dabei stellte sie sich vor, sie säße in Milano in einer Einkaufspassage und sähe dem Gewimmel der eleganten Italiener und Italienerinnen zu. Manchmal stellte sie sich mitten in die Pendlerströme und ließ sich die aufreizende Energie der hetzenden Menschen um die Nase wehen. Auch einem Besuch bei Mr. Clean war sie in diesen fünfzehn Minuten nicht abgeneigt und wusch sich für die zwei Franken, die der Toiletten-Besuch kostete, ausgiebig die Hände, kontrollierte Make-up und Sitz der Frisur, umgeben von anderen Frauen, die genau dasselbe taten. Die Inspirationen für diese fünfzehn Minuten schienen sich täglich zu vermehren, und wenn sie später auf Gleis acht in den Verbindungszug stieg und meist einen Sitzplatz ergatterte, war sie mit dem Tag zufrieden. Sie schloss mit einem Lächeln auf den Lippen die Augen, um bis zur Ankunft zu dösen.

Das erste Wesen, das sie erwartete, war die Katze, die miaute und um ihre Beine strich. Was weniger mit Liebe, mehr mit einem knurrenden Magen zu tun hatte. Das zweite Wesen, das zu Hause eintraf, war ihr Freund, der zuallererst seinen Mantel über den Stuhl warf, sie küsste, sich ein Bier aus dem Kühlschrank holte und es mit einem «Ah» an die Lippen setzte. Danach kochten sie gemeinsam ein einfaches Abendessen und ließen den Feierabend bei Essen und Fernsehen und manchmal einer anregenden Portion Erotik ausklingen. – Hätte jemand sie nach ihren besten Momenten im Leben gefragt oder danach, was ihr die größte Freude bescherte, hätte sie gesagt: die achtzehn Minuten zwischen Gleis drei und acht.

An einem Montag im Dezember jedoch verkündete die Dame aus den Lautsprechern, dass der Anschlusszug nicht mehr auf Gleis acht, sondern auf Gleis sechs abfahre und dies, zu ihrer Bestürzung, nicht in achtzehn, sondern in fünf Minuten. Ungelenk und mit klopfendem Herzen stöckelte sie vorbei am italienischen Café und den Karren mit den Snacks, dem übervollen Kioskhäuschen, dem Infoschalter, der ihr wie ein Segelboot vorkam, den bewegten Reklametafeln, sah von Ferne Niki de Saint-Phalles riesigen Engel in der Bahnhofshalle schweben und erhaschte von der ganzen Bahnhofsszenerie nicht mehr als einen Wirbel aus bunten und nervösen Fetzen, die durch ihr Gehirn fegten. Völlig durcheinander konnte sie gerade noch in den Zug steigen und sich irgendwo niederlassen. Anstatt zu dösen, starrte sie in die abendlichen Bilder, die am Zugfenster vorüberzogen, und ärgerte sich über die Leute, die ihre beschuhten Füße auf die Sitzpolster legten, und jene, die ins Mobiltelefon plärrten, und über die anderen, die mit einem Umtz-umtz-umtz-Kopfhörergeschepper an ihr vorbeieilten und den Mitreisenden die Aktentaschen ins Kreuz rammten. Sie fand den Zugbegleiter affig und die Schülerinnen, die ihre Hausaufgaben lauthals bejammerten, affektiert und zu stark geschminkt, sie fand, die Sitze sähen schmierig aus, und entdeckte zu allem Unglück eine Laufmasche, die genau übers Knie verlief und für alle gut sichtbar war. Die Katze kam ihr gefräßig und undankbar vor, und ihren Freund nörgelte sie an, er müsse doch nicht jeden Tag ein Bier trinken, das grenze ja bereits an verkappten Alkoholismus. Was denn mit ihr los sei, meinte dieser und setzte trotzdem das Bier mit einem wohligen «Ah» an die Lippen. Nichts, sagte sie, es sei nichts. Und übrigens hätten sie den Zugfahrplan umgestellt seit Neuestem, und sie habe nur noch fünf Minuten Aufenthalt im Hauptbahnhof und sei früher zu Hause. Das sei doch richtig prima, meinte ihr Freund dazu und küsste sie an diesem Abend ein zweites Mal, was sie etwas besänftigte, da der Kuss länger dauerte als der erste und verheißungsvoll war.

In den nächsten Tagen ergab sie sich ihrem Schicksal und hastete in fünf Minuten von Gleis drei zu Gleis sechs, ließ all die Verlockungen an sich vorüberziehen und stieg in den Zug nach Hause, wo ihr noch etwa zwei Minuten blieben, um die anderen Passanten auf dem Bahnsteig zu beobachten, was aber keine Erfüllung bot, da sie kaum mehr dazu kam, sich ein Auswahlkriterium ihres Monitorings auszudenken. Bereits eine halbe Stunde vor Arbeitsschluss überlegte sie sich, was sie alles verpassen würde und was sie alles nicht ausprobieren konnte, und kam in diesen Tagen mürrisch in der Wohnung an, was sich auch auf die trauten Kuschelstunden auswirkte. Außerdem schlief sie schlecht und träumte von verpassten Zügen und überlautem Bremsenquietschen. So kann das nicht weitergehen, dachte sie und überlegte sich, wie sie wieder zu ihren fünfzehn Minuten im Hauptbahnhof kommen könnte. Eine E-Mail an die Eisenbahndirektion wurde lapidar beantwortet, und die Antwort ihrerseits, die, entgegen ihrem sonstigen Wesen, unflätig und barsch ausgefallen war, wurde überhaupt nicht mehr quittiert. Man ließ sie einfach ins Leere laufen und schenkte dem Minuten-Diebstahl keinerlei Beachtung. Die Eisenbahngesellschaft, so fand sie, sei ein ignoranter Sauhaufen, der sich um Kundenbedürfnisse kein bisschen schere. Nach einer Woche verließ sie ihren Arbeitsplatz eine Stunde früher, um den Fünf-Uhr-Zug zu erwischen. Geschlagene fünfzig Minuten konnte sie nach der Ankunft in der Bahnhofshalle stöbern. Da ihr diese fünfzig Minuten wie Geburtstag und Weihnachten auf einmal vorkamen und sie sich bei all den Verlockungen kaum entscheiden konnte und von Bistro über Kiosk und Parfümerie bis in die unterirdische Ladenpassage alles durchhastete, um die verlorenen Tage aufzuholen, musste sie am Ende im Laufschritt über die Rolltreppe sausen, sich an Menschen vorbeiquetschen, die immer noch nicht verstanden hatten, dass die linke Bahn für Eilige frei bleiben sollte, und auf den Bahnsteig spurten. Wobei sie ihren Zug um ein Haar verpasste und verschwitzt und mit wirrer Frisur im Gang auf einem Klappsitz landete, da die Waggons mehr als gut besetzt waren und kaum jemand Anstalten machte, eine Tasche von einem freien Sitz zu nehmen. Am nächsten Tag versuchte sie es mit dem späteren Anschlusszug, hatte wiederum fünfzig Minuten freie Zeit in der Bahnhofshalle, die sie mit einem Kaffee im amerikanischen Diner verbrachte und einem ausgiebigen Gang in den Kiosk, um die Frauenzeitschriften durchzublättern. Danach stand sie geschlagene zehn Minuten auf dem Bahnsteig und wartete sehnsüchtig auf den Zug. Zuhause empfingen sie die Katze mit vorwurfsvollem Miauen und der Freund mit hochgezogenen Brauen und einer beinahe geleerten Bierflasche. Gekocht hatte er nicht, da er sich Sorgen gemacht und mehrere SMS geschickt hatte, die sie im Eifer des Bahnhofgefechts nicht bemerkt hatte. Sie war den Tränen nahe und verkroch sich im Badezimmer, wo sie sich die Brauen zupfte und Pickel ausdrückte. Sie fühlte sich aus der Bahn geworfen und spürte ein unregelmäßiges Poltern in der Brust. Bei der Arbeit war sie fahrig und unfreundlich, die Passanten tanzten auf ihren Nerven Cha-Cha-Cha, das Gewusel im Hauptbahnhof saugte sie aus, bis sie dünnhäutig auf einem hastig eroberten Sitz nach Hause fuhr. So konnte das nicht weitergehen. Also verbrachte sie einen ganzen Abend im Internet und untersuchte den Zugfahrplan nach Lücken und Umwegen und Schlupflöchern, erwog sogar ein Taxi. Aber da war nichts zu machen, der Zugfahrplan war unglaublich effizient, die Anschlüsse zügig, genau so, wie es sich jeder eilende Zugreisende wünschte. Schließlich bezog sie auch das Busnetz mit ein und entdeckte einen Expressbus, der ihr statt der achtzehn nun dreiundzwanzig Minuten Umsteigezeit ermöglichte, abzüglich der acht Minuten, die sie von der Bushaltestelle zum Hauptbahnhof benötigte.

Am nächsten Tag also nahm sie den Bus und die ersten fünfzehn Minuten Aufenthalt in der großen Bahnhofshalle stand sie lediglich auf dem überdachten Platz, den Kopf in den Nacken gelegt, und ergab sich der Betrachtung des fetten, bunten Engels, bei dem sie sich wunderte, wie er trotz seiner Massigkeit so leicht und luftig unter den Metallstreben des Dachs schweben konnte und dabei so freundlich und entrückt aussah.

Föhnwalzen

Sein Leben ist wie der Tischkalender im Büro. In Felder unterteilte Monate, Wochen und Tage mit Uhrzeiten auf Linien. Überblick zu haben ist ihm wichtig. Auch die Ordnung im Büro gleicht seinem Leben. Er hat für alles Register angelegt, jedes Dokument hat seinen Platz. Er beantwortet jede Anfrage und jede E-Mail zuverlässig. In den Schubladen fände sich jeder zurecht. Sein Schreibzeug liegt griffbereit.

Er mag bequeme Kleidung. Aber sauber muss sie sein und gut riechen nach diesem Weichspüler, der «Frühlingswiese» heißt. Ihm würde vielleicht auch Waldduft gefallen, Tannennadeln mit Harznote. Die Leute, mit denen er zu tun hat, können sich auf ihn verlassen. Es wäre ihm ein Gräuel, wenn er die Anforderungen nicht erfüllte oder man ihn als unzuverlässig bezeichnete. Er gibt hundert Prozent. Für einen Zimmermann ist exaktes Arbeiten wichtig. Aber er steht nicht gern stundenlang an den Maschinen, weil er immer schon Angst vor einem Gehörsturz hatte. Viele Abende hat er darum in Weiterbildungskursen verbracht und koordiniert jetzt Aufträge oder teilt Arbeiter ein. Der Chef gibt es nicht gern zu, aber er ist seine rechte Hand geworden.

Gestern Abend hat er von acht bis elf Uhr vor dem Fernseher geweint. Wegen seiner Schwägerin.

Er ist ein guter Ehemann und Vater. Mit seiner Frau schläft er meistens dienstags und sonntags. Sie küssen sich, dann machen sie Sex, bis er kommt. Danach liegen sie kurz da und atmen aus. Seine Frau geht dann duschen. Er fragte sie einmal, ob sie auch einen Höhepunkt habe. Sie lachte da ihr explosives «Ha-ha» und meinte, bei ihr gehe das «zack, zack». Er ist sich nicht sicher, ob das stimmt. Aber sie behauptete nie das Gegenteil. Er findet, wenn ein Ehepaar nach fünfzehn Jahren immer noch zweimal in der Woche miteinander Sex hat, ist das in Ordnung.

Auf seine beiden Kinder ist er stolz. Seine Älteste macht ihm zwar ab und zu Sorgen, weil sie ihre Freizeit vor dem Computer verbringt und zu nichts anderem große Lust hat. Manchmal hat er das Gefühl, seine Tochter sei gar nicht richtig hier. Wenn sie vor einem Bildschirm sitzt, wirkt ihr Gesicht wie tot, als ob die Filme alles Lebendige aus ihr heraussaugten. Manchmal macht er am Sonntag mit den Kindern einen Ausflug. Aber seine Tochter nörgelt die ganze Zeit. Das ärgert ihn. Sein Vater hat sich selten um ihn und seine Geschwister gekümmert, war am Wochenende oft mit Kollegen unterwegs. Er empfand seine Eltern als grob behauene Holzstücke. Seine Mutter wurde neben seinem Vater spröde und ihre seltenen Umarmungen schmerzten, weil sie nicht mehr spürte, wie fest man einen Körper drücken kann. Er fand damals heraus, dass es der einfachste Weg war, alles anständig und verlässlich zu erledigen und nicht von der vorgegrabenen Spur abzuweichen. So hat man ihn überall in Ruhe gelassen.

Er braucht Sport. Eine eintönige Bewegung, am liebsten draußen, macht ihn ruhig. Die Zeit verliert ihren Takt, er fühlt nur seinen Körper, spürt, wie sich seine Muskeln bewegen. Laufen. Radfahren. Er mag es, wenn der Fahrtwind um den Helm braust und die Straße unter ihm durchflitzt. Aber zuerst kommt die Pflicht. Gartenarbeit, Buchhaltung. Weil seine Frau auch heute noch außer Haus arbeitet und sie von seiner Mutter unterstützt werden, haben sie mit den Jahren ein kleines Geldpolster anlegen können. Ihnen kann nicht wirklich etwas passieren. Seit sie das Haus gebaut haben, sind sie an einem Ort verankert. Ihnen geht es gut.

«Schwägerin» ist nicht ganz korrekt, denn sie ist nicht mit seinem Bruder verheiratet. Sie wohnen an derselben Straße und haben einen Sohn, der gleich alt ist wie sein Jüngster. Die beiden spielen oft zusammen. Sein Neffe ist ein besonderes Kind. Seine Schwägerin nennt ihn «Sonnenschein». Das stimmt. Es wird heller, wenn er da ist. Es wird auch heller, wenn seine Schwägerin zu Besuch ist. Das hat er früher nie wahrgenommen. Sein Bruder tut immer das Gegenteil dessen, was man von ihm erwartet. Er arbeitet mal dies und mal das. Die Leute sagen, er sei ein seltsamer Vogel. Die Verwandtschaft war froh, dass er endlich etwas Festes gefunden hatte. Seine Frau meint, die Schwägerin sei eine Art guter Geist. Aber verstehen kann er sie trotzdem nicht ganz. Sie ist eine «Linke». Sie redet von «Bio» und «Öko». Sie pflegt ihren Kräutergarten. Aus den Pflanzen stellt sie allerlei Tinkturen, Salben und Tees her. Im Sommer sieht er sie oft im Garten, mit einer Hacke in der Hand und einem pfannendeckelgroßen Strohhut auf dem Kopf. Ihr Gesicht ist gesprenkelt mit Sommersprossen. Manchmal sitzt sie im kleinsten Zimmer des Hauses und malt. Mit seinem Bruder hat sie es schwer. Er hat sie manches Mal mit verweinten Augen aus dem Haus gehen sehen. Ihr Haushalt ist nicht perfekt. Alles, was sie macht, macht sie anders, als er es kennt. Alles, was durch ihre Hände wandert, bekommt eine höhere Dichte. Ihr Brot, ihre Marmelade, ihre gestrickten Pullover. Wenn sie Kräuterbüschel bindet oder Farbe auf Papier aufträgt, ist ihm, als strömten Energiepartikel in seine Brust.

Vielleicht ist sie eine Außerirdische, die heimlich unter ihnen lebt. Ein verrückter Gedanke. Sie flößt ihm ab und an verrückte Gedanken ein. Als Frau hat sie ihn noch nie angezogen. Er hat sich darüber auch nie Gedanken gemacht. Sie liebt seinen Bruder und der liebt sie, aber das würde der nie zugeben. Leben und leben lassen, denkt er dabei. Er hinter seinem Gartenzaun, die anderen hinter ihrem.

Er weiß nicht, was er mit dem Tagtraum soll, in dem seine Schwägerin ihm den Pullover über den Kopf zieht und seinen Rücken streichelt. Die Vorstellung, ihre Hand auf seiner Haut zu spüren, stürzt ihn in ein tiefes Wasser. Alles um ihn verschwimmt, er sieht Farbfelder, die den Bildern seiner Schwägerin gleichen.

Worte haben eine beruhigende Wirkung. Aus Worten kann man ein Dach zimmern und das Wortlose damit überdecken. Wenn er redet und sich hört, weiß er, dass er da ist. Durch das Reden mit anderen Leuten fügt sich das

Gerüst eines großen Gebäudes zusammen. Mit Worten kann man das Leben festhalten. Durch das gesprochene Wort manifestiert sich sein Dasein. Schweigen ist wie vom Zehnmeterbrett fallen. Man weiß nie, wie man aufprallt oder wie kalt das Wasser ist. Das Reden ist wie das Ticken der Uhr. Wie das Drehen der Weltkugel. Jedes noch so kleine Detail kann man mit Worten an seinen vorbestimmten Platz legen.

Seine Schwägerin legte kürzlich ihre Hand auf seine Schulter. Sie lächelte dabei und erzählte, die Engerlinge hätten ihre halbe Wiese gefressen. Wie man das bei guten Kollegen macht, wenn man sagt: Komm, lass uns noch ein Bier trinken gehen. Seine Schwägerin sagt etwas Freundliches, lacht, berührt ihn dabei. Ganz kurz. Anfangs hatte ihn das irritiert. Man berührt sich in Ritualen. Oder beim Sex. Einander ohne Grund zu berühren ist ihm fremd. Diese Berührungen sind wie Schweigen. Er erklärte seiner Schwägerin dann, was für Methoden der Engerlingsbekämpfung es gebe und wie man es früher mit den Maikäfern gehalten habe. Er nahm an, sein Reden würde das Gerüst zwischen ihnen verstärken. Während er also redete und von Engerlingen zu Lausbefall überging, legte sie wieder ihre Hand auf seine Schulter und schaute ihm ins Gesicht. Direkt in die Augen. Mitten im Reden verlor er den Faden und hörte sie sagen, dass er sie mit diesen vielen Worten nicht so zuschaufeln solle. Wenn er einmal zu reden begonnen habe, sei er wie der Schneefall einer Bildstörung. Es komme ihr so vor, als ob er sich im Reden verliere und die Umwelt nicht mehr wahrnehme.

Ein Gespräch, so meinte sie, sollte abwechslungsweise geführt werden. Danach kam das Schweigen. Die Hand der Schwägerin lag noch immer auf seiner Schulter. Er spürte deren Wärme wie den Heizstrahler im Badezimmer. Unter ihm begann der Boden zu bröckeln. Obwohl er in diesem Moment von etwas Weichem umgeben war, sah er sich von einem Luftschacht angesaugt, der in ein undefinierbares Loch führte. Es waren sicherlich nur ein paar Sekunden vergangen, in denen wieder Energiepartikel in ihn strömten. Den ganzen Nachmittag spürte er diese Berührung wie ein wärmendes Mal. Er fragte sich, ob an dem, was seine Schwägerin zu ihm gesagt hatte, etwas dran sei. In der folgenden Nacht schlief er unruhig. Er wachte um drei, um vier und um fünf Uhr auf und hörte jedes Mal die Kirchturmuhr schlagen. Er vernahm das Knacken des Holzes, sah das Schlafzimmer im nächtlichen Zwielicht und erkannte, dass der Raum nicht verschwand, obwohl er nicht sprach. Je länger er die Grauschattierungen betrachtete und ihre Flächen wahrnahm, desto gesättigter wurde der Raum um ihn. Schließlich war alles so verdichtet, dass er nicht mehr anders konnte, als sich damit zu verbinden. Er nahm nun nicht mehr nur das Zimmer und die Möbel wahr, sondern auch den Geruch und die Geräusche. Die Grillen im Vorgarten schickten ihr Gezirpe als dunkelrote Schallwellen direkt in seinen Kopf, in seine Nase stieg der Duft des vom Sommer ausgedörrten Grases. Er hörte die Pappel rauschen und alles schmerzte so unerträglich wohlig, dass er den Zipfel der Bettdecke in seinen Mund stopfen musste, um nicht zu schreien. Wie es manchmal beim Sex vorkommt und er einen Schrei spürt, von ganz weit unten aus den Eingeweiden kriechend, immer weiter hinauf, seiner Kehle zu. Das Blut rauschte laut durch seine Ohren, als er den Schrei bemerkte. Er sah sich als einen den Wiesenhang hinunterrollenden Knaben, der bei jeder Unebenheit vor Vergnügen johlt und brüllt. Bis zum Sonnenaufgang lag er da, überwältigt von einer Musik des Schweigens, mit einem von Spucke genässten Deckenzipfel im Mund.

Sein Leben ging weiter seinen ordentlichen Gang. Er zimmerte viele Worte und hielt das Gerüst zusammen. Alles war intakt und sicher. Die Begegnungen mit seiner Schwägerin waren so wie immer. Er in seinem Gärtchen und die anderen in ihrem. Jeden Anflug eines Schreis verhinderte er erfolgreich. Aber dass der Schrei sich häufiger aus ihm hervorquetschen wollte als früher, machte ihm zu schaffen. Besonders bei den ehelichen Pflichten. Denen ging er nicht mehr ganz so regelmäßig nach. Nicht, dass ihm seine Frau nicht mehr gefallen hätte. Oder dass er kein Bedürfnis danach verspürte. Impotenz ist bei Männern nicht so selten, wie bei Stammtischgesprächen behauptet wird. Er hatte Stress bei der Arbeit. Sein Chef war krank, die Verantwortung lastete voll auf ihm. Seine Frau hatte dafür Verständnis. Sie ging häufiger ins Training. Kam später nach Hause. Sie ließen den Dienstagssex mehr und mehr aus. Müde lag er abends im Bett und konnte nicht schlafen. Er hatte zwar keine Lust, mit seiner Frau zu schlafen. Auch nicht mit einer anderen. Aber das, was ihn nicht schlafen ließ, fühlte sich an wie pure Lust. Er wusste nur nicht, worauf. Dafür verstärkte sich seine Angewohnheit, kurz und heftig zu schnauben, wenn er unter Druck war. Da sonst alles rundlief, machte er sich vor, dass es sich legen werde, sobald sein Chef wieder gesund sei.

Er hatte den Sonntagnachmittag mit den Kindern auf dem Schlittschuhplatz verbracht. Sein Neffe war auch dabei gewesen. Seine linke Pobacke schmerzte, denn es hatte ihn in einer Kurve aufs Eis gehauen. Seltsam war, dass es ihm bei dem Aufprall so vorgekommen war, als platze gleichzeitig ein zu prall gefüllter Zementsack. Die Kinder saßen oben vor dem Fernseher, als seine Schwägerin ins Haus kam, um ihren Sohn abzuholen. Er hatte sich im Keller eine Werkstatt eingerichtet und arbeitete gerade an einem Holzregal für das Kinderzimmer, als seine Schwägerin herunterkam und zuschaute, wie er ein Brett abschliff. Das Schweigen lag zwischen ihnen. Ihre Augen folgten seiner Hand, die mit dem Schleifpapier übers Holz glitt. Feiner Staub nebelte seine Arme ein. Er fühlte sich kleiner werden in dieser Schweigeblase. Schicht um Schicht rollten sich die Erwachsenenhäute von ihm ab und legten das Kind in ihm bloß. Er wandte ihr das Gesicht zu. Ihr Blick betastete seine Wangen, seine Nase, wanderte über seine Nackenlinie den Rücken hinunter, an den Kniekehlen vorbei bis zu den Füßen und glitt vorne über Schenkel, Bauch und Brust zu seinem Kinn zurück. Ganz tief unten vibrierte es, und er kroch höher, der Schrei war bereits bei seinem Kehlkopf. In letzter Sekunde packte er seine Strickjacke, die auf der Werkbank lag, und presste sie vor den Mund. Das Schweigen drohte ins Unerträgliche zu kippen. Er legte die Jacke hin und ergriff die Schraubenschachtel, um seiner Schwägerin zu erklären, wie er das Regal zu montieren gedachte. Aber seine Stimme zitterte. Die Worte waren kleine Plättchen, die aus ihrer Bahn kippten und in den Raum drifteten. Mitten im Satz brach er ab. Das Schweigen wurde ohrenbetäubend. Sie trug einen ihrer selbst gestrickten Pullover, er war leuchtend rot und orange. Sie kam ihm einen Schritt entgegen. Dann nahm er sie in die Arme und umfasste sie. Wie ein Magnet zog sie ihn an. Seine Knie knickten ein, als sie ihn an sich drückte und ihren Kopf an seine Brust legte. Er spürte ihre Brüste an seinem Bauch, sie waren runder als die seiner Frau. Sachte strich sie über seinen Rücken. Ihr Atem war langsam und tief. Wenn sie ausatmete, atmete er ein. Er sah Wolken über den Himmel fliegen und berauschendes Morgenrot. Die Energiepartikel, die ihr Körper verströmte, prickelten auf seiner Haut. Sie standen da und lauschten aneinander. Raum- und Zeitgefühl kamen ihm abhanden. Unten brodelte es wieder. Er spürte einen riesigen Schmerz durch sich hindurchrauschen. Sie ließ ihn los und schaute ihn an. Verzog dabei keinen Muskel im Gesicht, das Lächeln kam aus ihren Augen. Sie schwiegen immer noch. Diesmal empfand er es nicht als unangenehm. Denn er wusste nicht, was er hätte sagen sollen. Dann ging sie nach oben und verließ kurze Zeit später mit ihrem Sohn das Haus. Er baute das Regal zusammen. Und weiß immer noch nicht, wie es zuging, dass er dabei nichts dachte, keine Worte dachte. Er spürte die ganze Zeit den Abdruck ihres Körpers. Er hatte kein Bedürfnis nach Sex mit der Schwägerin. Trotzdem hatte sich das mit ihr besser angefühlt als jeder Sex, den er bisher gehabt hatte. Als

Bub war er dann und wann bei heftigen Föhnstürmen aufs Feld hinausgegangen. Er hatte sich in die warmen Luftwalzen legen können und war trotzdem nicht umgefallen. Alle möglichen Gegenstände waren, von den Windstößen getrieben, über die Ebene geprescht und an ihm vorbeigetanzt. So fühlte es sich an.

Abends setzte er sich vor den Fernseher und schaute durch die flimmernden Bilder. Manche Astronomen gehen davon aus, dass Paralleluniversen existieren. Der Moderator der Wissenschaftssendung sprach davon, dass man möglicherweise durch ein schwarzes Loch in ein solches Universum reisen könne. In seinem Keller existierte also ein Paralleluniversum. Kurz vor elf musste er blitzschnell ein Sofakissen ergreifen und es sich vors Gesicht drücken.

Heute bei der Arbeit hat er wieder viele Worte gesprochen. Auch mittags und abends beim Essen mit der Familie. In diesem Universum fällt ihm das Reden leicht. Für das Paralleluniversum müsste er sich ein Wörterbuch besorgen. Er sieht das Kissen daliegen.

Die Sache mit Udo

Silvia zog den Koffer vom Rücksitz und ging, am alten Brunnentrog vorbei, zur Sandsteintreppe mit den ausgetretenen Stufen. Vor der Haustür blieb sie stehen und hörte dem Wind zu, der im Nussbaum rauschte. Sie betrachtete eingehend das Geäst der Glyzine und zögerte ihr Ankommen hinaus. Sie dachte an die Mückenlarven im Brunnentrog, die am Wasserfilm hingen und sich mit skurrilen Bewegungen in Sicherheit brachten, wenn sie mit den Fingern durchs Wasser gefahren war. Auch die Dahlien im Sommer kamen ihr in den Sinn, wie auf Bildern der Impressionisten, mit Blüten so groß wie ihr Kopf. Die Mutter hatte sie und ihr Zahnlückenlächeln zwischen den Stauden fotografiert. Genau graviert lag die Landschaft ihrer Kindheit mit den Wiesen, Äckern und Bauernhöfen in ihrem Gedächtnis. Streifte ihr Blick nun über die Umgebung, nahm sie die Veränderungen der vergangenen Jahre wahr. Ihre Hand zuckte vor der Türklinke mit der metallischen Kälte zurück.

Der dudelnde Fernseher tauchte die Stube in ein Flimmern, auf dem Sofa davor lag ihre Mutter, deren Schnarchen in der Lautstärke unterging. An ihrem Arm ein kompliziertes Gestänge samt dickem Gipsverband. Mit Schärfe zog der Abend die Falten in ihrem Gesicht nach. Silvia rüttelte die Mutter sanft an der Schulter, bis diese blinzelte und sich aufrichtete.

«Du musst dein Bett selber beziehen», sagte Agnes, «du hättest nicht extra herkommen müssen. Eine Pflegerin, die ab und zu hereinschaut, hätte es auch getan.»

«Und wenn du aufs Klo musst?», fragte Silvia. «Und die Pflegerin ist nicht da?»

Die Mutter wandte den Blick ab und strich über die Gipsbandage, so, wie sie sonst über ihren Arm strich. Ob sie es aus Pflichtgefühl oder Zuneigung tat, hatte Silvia nicht zu unterscheiden vermocht, als sie angeboten hatte, einige Zeit «zuhause» zu wohnen. Bis Agnes' Armbruch so weit verheilt war, dass sie sich wieder selbst um alles kümmern konnte. Gebrechlichkeit, dachte sie, ganz plötzlich erkennt man sie.

Ihr früheres Zimmer hatte sich kaum verändert, ganze Jahrzehnte verdunsteten. Auch die alten Vorhänge waren noch da, die damals bei Mondlicht ein Eigenleben entwickelt hatten. In den Mustern und Falten waren allerlei düstere Wesen gehockt, vornehmlich der «Mummelmann», mit dem ihr Vater sie in seinem unbekümmerten Männerschalk nächtelang dazu gebracht hatte, starr im Bett auszuharren aus Furcht, verschlungen zu werden. Als sie den Laptop auspackte, wurde ihr klar, dass in diesem Haus *WLAN* und *Internet* Fremdworte waren und Apparate mit kleinen Knöpfen ungeliebte Objekte. Derart vom Netz abgeschnitten zu sein, irritierte sie. Der Anblick eines verfügbaren Netzbetreibers auf dem iPhone, mit schwacher Antennenstärke zwar, erleichterte sie etwas. Sie rief ihren Bruder an und plauderte wenige Minuten mit ihm, da hörte sie es rauschen, ganze Silben fielen ins Nichts. Als sie das Gespräch beendet hatte, wäre sie am liebsten rein ins Auto und weg in die Nacht, als vergessener Besuch. Stattdessen setzte sie sich aufs Bett und atmete ein paar Mal tief durch. Dann ging sie ins Wohnzimmer zurück, wo ihr Blick auf die Ecke mit den gerahmten Fotos fiel: Nebst Bildern von den Kindern, Enkeln und Tanten hingen dort mehrere ihres Vaters. Vor seinem ersten Auto, einem VW Käfer, bei der Hochzeit mit Seidenschlips und gewinnendem Lächeln, und eines, das ihn vor dem Panorama der Modelleisenbahn zeigte. Die Brille auf der Nasenmitte, die Hände lässig in den Hosentaschen. Agnes ächzte in den Kissen und versuchte, sich etwas aufzurichten. Sie bringt es nicht über die Lippen, mich um Hilfe zu bitten, dachte Silvia, ich sollte sie ächzen lassen. Sie fasste die Mutter unter den Achseln, die etwas feucht waren, und hob sie in eine aufrechte Lage. Unauffällig wischte Silvia die Hände an der Jeans ab.

«Kannst du das Radio anschalten?», fragte Agnes.

Silvia drehte den Knopf und klassische Musik ertönte, Mozart, Schubert, Beethoven, sie kannte sich da nicht besonders gut aus. Agnes mochte die beschwingten, frühlingshaften Weisen. Wenigstens keine Schlager, dachte Silvia, aber das kann ja noch kommen. Zum Klang von irgendwelcher kleinen Nachtmusik half sie Agnes aus den Kleidern ins Nachthemd und ins Bett.

«Ist schon seltsam», sagte Agnes verlegen, «es kommt mir wie gestern vor, dass wir dich in die Federn gesteckt haben.»

Eine Weile hörte Silvia das Bettgestell knarzen, als sie im Wohnzimmer umhertigerte und sich nicht entscheiden konnte, ob sie den Fernseher ausschalten sollte. Schließlich landete sie bei einem Dokumentarfilm über Afrika, wo ärmlich bekleidete Menschen Elektroschrott aus Europa ausschlachteten, um ein paar Cents fürs Buntmetall zu bekommen. Im Hintergrund die Feuer der Abfallhalde und schwarzer Rauch. Da schaltete sie den Fernseher aus und fühlte sich elend. Sie hörte es Mitternacht schlagen, als sie sich in den Schatten des irrlichternden Vorhangs legte. Ein Vogel zeterte kurz, ein Spätheimkehrer brummte vorbei, dann war Stille. Silvia lag lange wach und hörte nebenan Agnes' zahmes Schnarchen.

Am nächsten Morgen weckte sie ein Geräusch, das ihr ins Mark fuhr. Im Nachthemd ging sie ins Wohnzimmer und spähte durchs Fenster in den Hof. Ein gedrungener Mann in blauer Arbeitskleidung schaufelte Fallobst in einen großen Trichter, der in eine Zerkleinerungspresse führte. Aus einem Rohr platschten zermalmte Äpfel in eine Metallwanne. Agnes war gähnend zu ihr getreten.

«Das ist Karl», sagte sie, «erinnerst du dich an ihn?»

Silvia dachte länger nach und schüttelte den Kopf.

«Der Sohn vom alten Bauern», sagte Agnes, «der dich immer gehänselt hat. Der war damals schon ein grober Klotz.»

Sie frühstückten gemeinsam, obwohl Silvia mit Kaffee zufrieden gewesen wäre. Danach verdrückte sie sich vor die Haustür und gönnte sich die erste Zigarette des Tages. Als sie wieder hereinkam, rümpfte Agnes kurz die Nase, sagte aber nichts. Während Silvia die Hausarbeit verrichtete oder sich hinter die Semesterarbeiten ihrer Studenten klemmte und korrigierte, saß die Mutter mit der Tageszeitung und später mit einem Romanheft auf dem Sofa. «Nein, es geht schon», sagte Agnes ab und zu. Oder: «Ich mache dir Umstände, nicht wahr?» Trotzdem überwachte sie alles, was Silvia tat, mehr oder weniger auffällig, besonders das Kochen. Bevor Agnes eine Gabel in den Mund schob, beäugte sie die Speise eingehend. «Also, ich mache das nie so», sagte sie oder: «Ist schon ein bisschen scharf.»

«Schmeckt's denn nicht?», murrte Silvia, und die Mutter rettete sich mit einem «doch, doch» und aß den Teller leer.

Wie jeden Nachmittag legte sich Agnes zu einem Schläfchen hin. Darüber wunderte sich Silvia, es hieß doch, dass man im Alter weniger schlafen würde. Es schien sie auch Karl mit seiner Maschine nicht zu stören, der unermüdlich das Fallobst in den Trichter schaufelte, bis der Metalltrog mit einem säuerlichen Brei gefüllt war. Sie verbrachte den Nachmittag wieder mit den Semesterarbeiten und begann an einem Vortrag zu schreiben. Es war gut, dass gerade Ferien waren und sie die anstehenden Aufgaben erledigen konnte. Manchmal stand sie am Fenster und starrte in den Herbst. Agnes hatte recht gehabt, man hätte auch eine Pflegerin engagieren können. Aber sie hatte den Eindruck, ihre Mutter sei nun doch froh, dass sie da war.

Mit der Zeit begann sie, sich eingesperrt zu fühlen. Der Zauber der frühen Jahre, der das Haus verklärt hatte, verblasste wie die Fotografien in den Alben. Wenn sie an ihre überquellende Mailbox dachte, war sie versucht, ins Auto zu steigen. Irgendwo in der Nähe müsste doch ein Internetcafé zu finden sein, in dem sie wenigstens eine

Stunde lang online gehen konnte. Stattdessen ging sie zu Fuß durch den Weiler, in dem es nur ein verschlafenes Gasthaus und ein Café gab, die beide nach Ruhetag und Festnetz aussahen.

Sie begann, die Nachmittage mit Spaziergängen zu verbringen. Ständig vergrößerte sie den Radius ihrer Pirsch. Manche Scheune war ihr vertraut, die eine oder andere Straßenecke erschien wie früher. Die Viehställe, in denen sie sich damals herumgetrieben hatte, zwischen den massigen Leibern der Kühe, das wohlige Mahlen der Backenzähne im Ohr, waren ihr nun verschlossen. Manchmal schmeckte sie die frische Milch, die der Bauer ihr damals in einem Becher zu trinken gegeben hatte. Sie griff durch diese Bilder hindurch. Kaum hatte sich die Erinnerung in allen Tiefen und Farben gezeigt, zerfloss sie. Sie war erwachsen geworden, es gab keine weißen Kaninchen mehr, die ihr den Weg in einen Bau wiesen. Zwischen den Spiegeln, dachte sie, als sie an den Feldern und Waldstücken entlangspazierte, die sich über eine sanfte Hügellandschaft zogen. Sie hätte ihre Laufschuhe einpacken sollen. An den Wildleder-Sneakers klebte zäh der Matsch der Feldwege. Sie liebte den Geruch der würzig-herben Pilze und den des weichen Waldbodens unter der knisternden Blätterschicht. Ein Reh brach aus dem Gehölz und überquerte in langen Sätzen den Weg, eine ganze Weile leuchtete sein Spiegel im Walddunkel. Alles, was sie sah, glitt an den Rand des Gesichtsfelds. Sie ertappte sich mehrfach dabei, wie sie in der Jackentasche nach dem Telefon fingerte und versucht war, die Verbindungsstärke zu kontrollieren. Wenn sie ins Elternhaus zurückkam, war Agnes meist wieder wach und bat sie, den obligaten Nachmittagskaffee zu kochen.

Ein Traktor mit Anhänger stand neben dem Nussbaum. Karl hatte unterdessen die Apparatur im Hof abgebaut und rumorte nun in der Scheune. Er trug große, in Weidengeflechte eingefasste Glasflaschen hinein. Neugierig geworden, schlüpfte Silvia in Mantel und Schuhe, ging hinaus und blieb beim Eingang der Scheune stehen. Karl stand vor einer Destillationsanlage und schichtete Feuerholz in einen Ofen. Er grüßte sie kurz und ließ sich von seinem Tun nicht abhalten. Der Metalltrog mit der Maische stand in einer Ecke und verbreitete einen Gärgeruch, der ihr den Atem nahm.

«Ist die Eisenbahn noch da?», fragte Silvia eines Mittags und Agnes nickte.

«Ich hätte es längst abstauben sollen, aber ich vergesse immer wieder, dass es da unten steht», sagte sie.

Als die Mutter auf dem Sofa eingerichtet war und aus dem Radio «… da fängt das Leben an …» erklang, stieg Silvia in den Keller hinab. Eine verdreckte Glühbirne beleuchtete die festgetretene Erde, im hinteren Raumdunkel standen die uralten Lagergestelle. Nicht einmal der Geruch hatte sich verändert. Vorn neben der Werkbank stand die Modelleisenbahn: Die Welt des Vaters war etwa vier Quadratmeter groß und bestand aus einem kleinen Gebirge mit Steinbrücken und Passstraßen, zwei Tunnels, einem Seeufer mit Hafen, zwei Dörfern und einem Waldstück. Schienenstränge überzogen die künstliche Welt.

Züge standen darauf, einer im Bahnhof, einer auf der Bogenbrücke und einer am Seeufer. Plastikfigürchen in lebensnahen Haltungen, Tiere auf den Weiden, als ob sie an Büscheln aus Stroh erstickt wären. Kein Lichtlein brannte, die Bäumchen aus eingefärbtem Moos waren verblichen. Der Bahnhofsvorstand war umgefallen. Silvia nahm ihn zwischen die Finger und blies den Staub ab. Er hatte ein lachendes Gesicht und hielt die Signalkelle wie ein Fanal. Sie steckte ihn in die Jackentasche. Wo der Hauptschalter war, das wusste sie noch und tastete unter der Platte danach, kippte ihn. Doch das vertraute Summen stellte sich nicht ein. Sie schob einen Zug hin und her, aber es nützte nichts. Gleich neben der Modelleisenbahn stand die massive Werkbank, an der Wand darüber säuberlich aufgereiht die Werkzeuge, Feilen, Sägen, Hämmer, ein Satz Schraubenzieher. Eingespannt in den Schraubstock fand sie eine winzige Hausfassade, teilweise ausgesägt bereits die Fensterchen. Ein Häufchen Sägemehl darunter. In der Ecke hing, mit Kreppband an einer Leiste befestigt, ein Foto von ihr mit ihrem Vater. Sie saß im Kindersitz vor dem Lenker des Fahrrads. Daneben stand ihr Vater, in kurzen Hosen und Turnschuhen, und lachte in die Kamera. Das Sommerlicht lag auf ihren blonden Schöpfen.

Silvia hatte sich immer vor diesem Keller gefürchtet. War sie hinuntergeschickt worden, um eingemachte Kirschen zu holen oder einen Eimer Kartoffeln, hatte sie dauernd die Kellertür im Blick gehabt, die so leicht hätte zufallen können. Das Türschloss, das sie nie mehr aufgebracht hätte. Dann wäre sie allein gewesen mit den körperlosen Gesellen der Dunkelheit, samt ihrem Flüstern und Zischen. Wie der Blitz war sie deshalb immer in den Keller gerannt und wieder hinaus. Jetzt konnte sie in die düsteren Winkel schauen. Die Dimension des Raums war geschrumpft – und keiner hockte dort unten. Da war nur altes Zeug, Staub und bröckelndes Mauerwerk. Trotzdem zog sie die Schultern hoch und blickte sich dauernd um, als fürchtete sie, etwas Namenloses könnte sie anfallen und ihr die Luft abdrehen. Der Vater hatte in seinem Keller zeitlebens friedlich gewerkelt und heimlich gesungen. Hier hatte er sie in die Geheimnisse der Handwerkerei eingeweiht, hatte ihr das Sägen, Hämmern und Feilen beigebracht, manchmal ungeduldig, manchmal gutmütig und voller Lob. Silvia setzte sich auf die Stufen der Holztreppe und schaute in den Lichtstrahl mit den tanzenden Staubsternen darin, der durch ein Kellerfenster fiel. Die Tränen rannen ihr jäh übers Gesicht. Gebannt hing ihr Blick im gleißenden Herbstlicht. Wie lange sie dagesessen hatte, bemerkte sie erst, als das Licht sich in Grau wandelte und sie zu frösteln begann. Sie drückte die Klinke der Kellertür, die sich problemlos öffnen ließ, und stieg hinauf in den Flur. Agnes stand in der Küche und kochte einarmig Kaffee. Bedrohlich schräg hockte der Keramikfilter mit der Papiertüte auf der Kanne, aber beharrlich goss die Mutter das kochende Wasser mit kreisenden Bewegungen hinein.

«Lass uns Kaffee trinken», sagte Agnes, «trag schon mal das Tablett mit den Keksen rein.»

Silvia schaukelte wie ein kleines Boot auf See, wie nach zwei oder drei Gläsern Sekt. Sie stellte Tassen und Gebäck auf den Tisch, half Agnes, sich zu setzen und schenkte den Kaffee ein.

«Was hast du so lange da unten gemacht?», fragte Agnes und hob die Tasse an die Lippen.

«Die Eisenbahn anschauen», sagte sie und nahm einen Keks.

«Keiner meiner Enkel interessiert sich für Modelleisenbahnen», seufzte Agnes, «die haben nur ihr elektronisches Spielzeug im Kopf. Das ist schade. So viele Stunden war er im Keller und hat die kleinen Brücken gebastelt und die Häuschen aufgestellt. Jedes Detail musste stimmen. ‚Verwitterungs-Finish' war sein Lieblingswort, das hieß, dass er wieder etwas fertig gemacht hat.»

Merci, Chérie trällerte es aus dem Radio und Agnes sang mit ungelenker, aber hübscher Stimme mit: *Adieu / deine Tränen tun weh, so weh, so weh / unser Traum fliegt dahin, dahin. Merci, Chérie, weine nicht / auch das hat so seinen Sinn …*

Die Wangen der Mutter färbten sich rosa und in ihren Augen flackerte jugendliche Sinnlichkeit auf.

«Udo Jürgens war einfach ein toller Mann», sagte Agnes.

«Wolltest du nie einen anderen haben?», fragte Silvia, die Lust verspürte, Agnes aus der Reserve zu locken.

«Dein Vater und ich waren ein gutes Paar», antwortete die Mutter, beinahe empört, «ein Herz und eine Seele, voller Respekt und Anstand, ja, das waren wir.»

Auch im Bett?, fragte sich Silvia im Stillen.

«Es hat sicher auch mal Probleme gegeben», sagte sie laut.

«Die gibt es überall. Aber dann wirft man die Flinte nicht einfach ins Korn und steht das zusammen durch.

Nicht wie heute, wo man sich gleich bei jeder Kleinigkeit scheiden lässt.»

Silvia dachte an Georg, ihren Ex, dessen Abschied als Schwiegersohn Agnes auch heute noch gelegentlich bedauerte. Silvia sagte nichts und beschäftigte sich mit der Kaffeetasse.

«Manchmal hätte ich mir zwar gewünscht, dein Vater und ich hätten mehr geteilt. Aber er war immer gut zu mir. Er hat mich nicht betrogen und ist nie grob geworden.»

Dann verzog die Mutter das Gesicht. Silvia kannte diesen Ausdruck: Bis hierhin und nicht weiter. Agnes erhob sich und ließ sich auf dem Sofa mit einem bunten Heft voller Prominenz nieder. Wie seinerzeit der Vater, versunken in seine Zugwagen und Minimotoren, studierte sie akribisch die unerreichbare Welt des angedichteten Schmerzes und der Illusion, alle wären gleich. Gab es da nicht mehr zu sagen, fragte sich Silvia, zu Jahrzehnten eines gemeinsamen Lebens, als dass man nie betrogen worden war? Sie holte die Semesterarbeiten der Studenten aus ihrem Zimmer und setzte sich damit an den Küchentisch.

«Was sind denn das für Unterlagen?», fragte Agnes plötzlich.

«Die Arbeiten meiner Studenten», meinte Silvia, «die muss ich korrigieren.»

«Ach so», sagte Agnes, «und? Macht das Spaß? Dieses Dozieren und Korrigieren?»

«Ich bin gern an der Uni», sagte Silvia.

«Ja, das waren Kämpfe mit dir damals», sinnierte Agnes, «wie du partout studieren wolltest, anstatt etwas Handfestes zu lernen.»

«Anstatt Handarbeitslehrerin zu werden? Mein Job ist mir jeden Streit wert, den wir deswegen hatten», sagte Silvia.

«Und vielleicht wäre Georg noch bei dir, wenn du Handarbeitslehrerin geworden wärst», sagte Agnes, «und es hätte nicht Funkstille zwischen uns geherrscht, bis du dreißig geworden bist. – Aber nun ist ja alles gut.»

Tatsächlich war sie um die dreißig gewesen, als sie den Kontakt zu ihren Eltern wieder vermehrt gesucht hatte, mit den Kindern im Schlepptau, eins an der Hand, das andere im Wickeltuch nahe am Busen. Diese verschiedenen Schichten, durchlässig die einen – und die anderen, tieferen, die von Schlick überzogenen, in denen man sich beiderseitig zu stochern hütete, in stillschweigender Übereinkunft. Wieso sollte sie sich an diese Übereinkunft halten? Wer hatte sie aufgesetzt?

Mittlerweile hatte sie ihre Spaziergänge auf den Hügel in der Nähe ausgeweitet, auf den eine endlose Treppe führte. An einem Nachmittag stand Silvia auf der Hügelkuppe und schaute nach Westen, wo über den Wiesen und Wäldern angeleuchtete Wolkenbänke hingen. Verdeckt vom Dunst lag südwärts der See. Die lauen Sommerabende kamen ihr in den Sinn, als sie voraushüpfend auf den Hügel geeilt war, weiter unten die Eltern mit den kleineren Geschwistern. Die Grashüpferarmada zwischen den Wiesenhalmen, wie es eine Lust gewesen war, diese umherzuscheuchen, ein Heupferdchen zu fangen, in der Handhöhle einzusperren und zu spüren, wie es zu entkommen versuchte. Das Gezirpe der Grillen, schrill und heimelig zugleich. Wie sie damals dieses rosarote, durchscheinende Etwas in dem Plastiketui gefunden und sofort gewusst hatte, dass es zu diesem verschwiegenen Bereich gehörte, denn sowohl Vater als auch Mutter hatten ihre Frage einfach mit aus Verlegenheit geplusterten Wangen beiseitegewischt.

Als sie wieder beim Haus eintraf, lag der Geruch von Alkohol in der Luft. Karl hantierte in der Scheune. Sie hörte ein Feuer knistern und spähte hinein. Die obere Hälfte des Raums war mit Dampf angefüllt, nichts war darin zu erkennen. Es roch heftig nach Obstler, ihr wurde schwindelig. Wie mit einem Messer abgetrennt war die Luft im unteren Teil klar. Sie sah Karls Beine vor der Destillationsapparatur. Nun beugte er sich hinunter und stellte einen Metallbehälter unter ein dünnes Röhrchen, mit dem er den Strahl einer klaren Flüssigkeit auffing. Er pfiff irgendein Lied, einen Schlager vielleicht.

«Hallo?», rief sie, neugierig geworden, was da vor sich ging.

«Komm rein», rief es aus dem halben Nebel, «magst du probieren?»

Sie bückte sich, um den Kopf nicht dauernd in dem angereicherten Nebel zu haben, und traf schließlich auf den Schnapsbrenner, der, ebenfalls gebückt und mit gerötetem Gesicht, zwei kleine Gläser in der Hand hielt. Er reichte ihr eins, schepperte sein Glas dagegen und prostete ihr zu. Der Obstler war lauwarm und entfaltete ein fruchtiges Aroma, auch wenn er wie Feuer durch die Kehle rann. Karl lachte, als er ihr Gesicht sah, und richtete sich dann auf.

«Geiles Gesöff, oder?», hörte sie ihn aus dem Dunst sagen.

«Eine konzentrierte Apfelplantage», sagte Silvia, «kann ich noch einen haben?»

Aus dem Nebel kam eine Glasflasche, sie packte den Flaschenhals und führte ihn zu ihrem Glas. Der Obstler glitt beim zweiten Mal schon weicher über ihre Zunge.

«Richtig gut», sagte sie und lachte.

Und Karl lachte auch, oben in seiner Nebeltranche. Nach dem dritten Glas verabschiedete sie sich von ihm. Sie solle doch öfter mal vorbeikommen, rief er ihr hinterher. Silvia wankte ein wenig, als sie an die frische Luft trat.

Als sie die Tür zum Wohnzimmer aufstieß, empfing sie Agnes' Schnarchen. Im Radio spielte leise Kammermusik. An ihrem Fachvortrag zu arbeiten, daran war im Moment nicht zu denken. Die Tür des Schlafzimmers stand einen Spalt weit offen, ebenso eine Tür des Kleiderschranks. Agnes verschloss den Schrank immer und versorgte auch selbst die Wäsche. Eine Marotte, hatte Silvia dabei gedacht. Sie schlich an der Schlafenden vorbei und betrat die Kammer. Auf dem Nachttisch stand ein gerahmtes Foto ihrer Eltern, aufgenommen während einer Wanderung in der fränkischen Schweiz. Das Zimmer war aufgeräumt, die Nippesfiguren auf dem Regal abgestaubt. Jede Falte des Vorhangs fiel senkrecht. Die Schuhe standen aufgereiht da. Silvia ging zum Schrank, um die Tür zu schließen. Da bemerkte sie auf der Innenseite ein buntes Papierstück, das etwas abstand. Als sie die Tür zur Seite klappte, blickte ihr mehrfach Udo Jürgens entgegen. Über und über war die Innenseite mit Fotos und Zeitungsausschnitten bedeckt. Kleinere Konzertplakate, Jürgens am Flügel im Bademantel, Jürgens auf dem Titelblatt einer Illustrierten, mit seiner Frau, mit seiner Geliebten, mit seiner Tochter. In dicken Lettern die Schlagzeile «Udo Jürgens ist tot». Auch die andere Innenseite war mit unzähligen Udos tapeziert, darunter sogar ein Foto mit persönlicher Widmung: Für Agnes, mit herzlichen Grüßen, Udo. Ein schwarzes Seidenband war schräg über eine Ecke geklebt. Silvia schloss leise die Schranktüren und setzte sich aufs Bett. Die Wirkung des Obstlers hatte noch nicht merklich nachgelassen. Sie wusste nicht, ob sie nun lachen oder weinen sollte. Unter einer Annäherung hätte sie sich manches vorstellen können. Und nun war Udo aus dem Schrank gesprungen. Sie hörte, wie das Sofa knarzte und ihre Mutter sich regte.

«Was tust du?», fragte Agnes, als sie ins Schlafzimmer trat. «Du hast doch nicht etwa Wäsche in den Schrank geräumt?»

Silvia schüttelte den Kopf. Sie habe nur etwas nachgedacht und den Schnaps von Karl verdauen wollen.

«Aber ich habe in deinen Schrank geschaut», sagte sie dennoch.

Agnes wurde rot und rieb über den Gipsarm.

«Das darfst du nicht», sagte sie, «das ist mein Schrank.»

«Ich habe ihn wieder zugemacht», sagte Silvia.

An einem der nächsten Tage musste die Mutter in die Stadt zum Arzt, der den Gipsverband entfernte und eine leichtere Bandage samt Armschlinge anlegte. Schonen müsse sie sich aber dennoch, hatte der Arzt betont. Auf dem Heimweg saß Agnes guter Dinge auf dem Beifahrersitz und plauderte.

«Alle Vorhänge werde ich nächste Woche abnehmen und waschen», sagte sie, «und mit meiner Schwester mache ich bald die Reise in die Toskana, hab ich dir das schon erzählt?»

«Ja, hast du», sagte Silvia. «Ich fahre übrigens morgen heim, aber wenn ich dir trotzdem noch ein paar Tage unter die Arme ...»

«Nein, nein», wehrte Agnes ab, «geh du nur – du warst mir eine große Hilfe und hast sicher anderes zu tun.»

«Wirklich nicht?», hakte sie nach.

«Nein, bestimmt nicht», sagte Agnes.

Der Tonfall kam Silvia nur ein kleines bisschen bedauernd vor.

Als sie in den Hof fuhren, kam ihnen Karl auf seinem Traktor entgegen, auf der Ladefläche des Anhängers standen die großen Glasflaschen. Karl tippte zum Gruß an seine Mütze. Vor der Haustür standen zwei unbeschriftete Flaschen mit Schnaps.

Am Abend saßen sie in der Stube beisammen und plauderten über unverfängliche Familienangelegenheiten. Etwas weniger hölzern als in den ersten Tagen. Ihr Zusammensein schien sogar unbeschwert, die Mutter sagte, dass sie es genieße, wenn jemand für sie koche und aufräume. Sie zog Fotoalben hervor und erzählte Anekdoten, die Silvia noch nicht kannte. Mit einem Mal hielt Agnes inne, als wollte sie etwas mitteilen, das die üblichen

Bahnen verließ. Silvia horchte auf und stellte sich auf eine überraschende Ankündigung ein.

«Glaubst du, dass Udo Jürgens die Haare gefärbt hat?», fragte Agnes.

«Ob Udo Jürgens die Haare …?», gab sie zurück. «Fragst du das jetzt ernsthaft?»

Die Mutter nickte zur Bekräftigung. Silvia lachte auf und lehnte sich zurück. Tatsächlich Zeit zu gehen, dachte sie. Ein Gedanke ohne Groll. Nachts packte sie den Koffer, fand auch den Bahnhofsvorstand in ihrer Jacke wieder und steckte ihn ins Seitenfach der Handtasche. Um Mitternacht legte sie sich ein letztes Mal in ihr ehemaliges Bett. Im Zwielicht suchte sie den Vorhang nach den Dämonen ab. Aber da waren nichts als unergründliche Muster. Der Schatten des Mummelmanns zerging in den Falten. Silvia schloss die Augen und Heiterkeit kam auf leisen Sohlen. Natürlich hat Udo Jürgens die Haare gefärbt, dachte sie – was denn sonst.

Morgana und Fantomas

Er hat eine Schweineangst. So sehr, dass er beim Abstellen der Kaffeetasse das Milchkännchen umgestoßen hat. Im Café Museum herrscht ein Geplapper und Geklirre. Das macht ihn zusätzlich nervös. Rascheln von Einkaufstüten, Stühlerücken, Gelächter, das Brummen des Kaffeeautomaten. Er ist zu früh gekommen. Rendezvous sind eine Seltenheit in seinem Leben geworden. Eine Übelkeit hat sich in seinem Magen eingenistet, aber er verkneift sich einen Cognac. Das würde dem Ganzen die Krone aufsetzen, begrüßte er die erwartete Frau mit einer Schnapsfahne.

Wie hatte er sich in diesem Altersheim gelangweilt. Fast zu Tode gelangweilt. Aber zum Sterben ist's ihm noch nicht. Was sollte er zwischen all den Onkeln und Tanten, die mit wackelndem Kopf dasitzen? Zwischen Damen, die mit trüben Augen auf ihre beschürzten Knie schauen und nicht einmal mehr die eigenen Kinder erkennen? Dass sein Gestell nach 78 Jahren den Geist aufgibt, war zu erwarten. Im Schneckentempo an zwei Krücken in den Garten zu stöckeln – wer wünscht sich das schon?

Severine hilft ihm in Hemden und Hosen, hält geduldig den Ärmel hin, bis er es endlich schafft, den Arm einzufädeln. Gott sei Dank kann er noch allein auf die Toilette. Und füttern muss ihn auch niemand. Es wäre ihm ein Graus, wenn er bei Tisch eines dieser Lätzchen umgebunden bekäme und eine Pflegerin den Löffel zwischen seine bebenden Lippen schieben müsste. Wenn er Severine manchmal mit Zitaten überrascht oder ihr seine Ansicht über die aktuelle Weltpolitik darlegt, zieht sie eine Augenbraue hoch und meint: «Sie sind schwer auf Zack für Ihr Alter, da kommt manch Junger nicht mit.» Dann lacht sie und reicht ihm die Krücken. Als er in das Heim eintrat, wandte Severine bei ihm denselben Jargon an wie bei den anderen senilen Knackern. Aber das trieb er ihr schnell aus. «Wir sehen heute aber wieder gut aus, Kind, aber haben Sie nicht Ihr Kindergartentäschchen zu Hause liegen lassen?» Seither ist Severine seine engste Vertraute. Die Heiminsassen und das restliche Pflegepersonal können ihm gestohlen bleiben.

Neben dem Krampf mit seiner biologischen Hülle und der Langeweile schlägt er sich mit Einsamkeit herum. Viele seiner früheren Freunde sind bereits unter der Erde oder in einem anderen Heim verschollen. Seine Frau ist vor fünf Jahren verstorben und sein Sohn lebt mit der Familie drei Autostunden entfernt. Er liest viel. In kurzer Zeit war er mit der Heimbibliothek durch. Nun bringt ihm Severine Bücher aus der Stadtbibliothek mit. Es fehlte ihm jemand zum Reden. Richtig reden. Severine ist nicht seine Gesellschafterin.

Bis er eines Tages auf die Idee kam, sich einen Computer anzuschaffen, inklusive Internetanschluss. Die Heimleitung sträubte sich gegen seinen Wunsch, weiß der Himmel, wieso. Aber alte Herren haben ihre Tricks: Von Hungerstreik über Bettpfannenwerfen bis Beethovens «Fidelio» nachts um zwölf, in voller Lautstärke. Er bekam den Computer, leistete sich einen Heimkurs und studierte Handbücher. Und schließlich stöpselte er sich ins Internet ein. Er schlug sich manche Nacht mit Surfen um die Ohren und träumte von Cursorzeichen und Tastengetrappel. Heute klopft sogar die Heimleitung an seine Tür, wenn deren Computer abgestürzt ist.

Als «Fantomas» loggte er sich in die verschiedensten Social-Media-Plattformen ein und schloss virtuelle Bekanntschaften. Aber das ödete ihn bald an. Was nützte ihm diese Blödheit von Sexihexi, Blondie7, Gaylord, Frodo oder Marie-Joanna69? Viel lieber surfte er auf Universitätsseiten oder betrachtete YouTube-Filme von fremden Ländern.

Eines Nachts, es war 23.48 Uhr, traf er auf «Morgana». Sie, jedenfalls nahm er das an, hatte einen breit gefächerten Wortschatz und ließ auch die Orthografie nicht außer Acht. Sie strichen sich um die Beine wie neugierige Katzen, verlagerten ihre Kommunikation in ein privates Fenster und plauderten von Pontius zu Pilatus, bis er tatsächlich den Eindruck hatte, dass er es mit einer intelligenten und feinfühligen Frau zu tun hatte. Sie tauschten die E-Mail-Adressen aus.

Er hat vieles gelernt. Wie man überlebt, etwas Wohlstand ansammelt, wie man sich in einer Firma durchsetzt. Manches aber lernt er wohl nie.

Zu Anfang bestand Morgana nur aus ein paar Buchstaben auf einem Bildschirm. Während sie ihm, wie er glaubte, ehrlich über ihr bisher verlaufenes Leben schrieb, erdachte er sich den Mann, der ihr gefallen könnte. Er blieb, was seine Geisteshaltung betrifft, bei der Wahrheit. Aber was seine Person anbelangt, da flunkerte er. Morgana hatte mit den Männern wenig Glück gehabt. Nach ihrer gescheiterten Ehe, drei Kindern, waren ihre Bekanntschaften immer wieder auseinandergegangen. Der Hauptgrund, so schrieb sie, sei «ein immer wiederkehrender Mangel an Feingefühl und Intelligenz» gewesen. Mal seien die Kinder im Weg gewesen, mal Grobheit oder Untreue. Sie ist Lehrerin an einem Provinz-Gymnasium und zählt gerade mal 43 Jahre. Ihr ausgeprägter Gerechtigkeitssinn und die Liebe zur Literatur faszinierten ihn. Ihre E-Mails sind voller Wärme, auch Witz. Manchmal jedoch gerät sie in eine Melancholie, aus der er sie nur schwer wieder herausholen kann. Dann zweifelt sie an allem, auch an Gott.

Mit Gott hat er nie viel am Hut gehabt. Er war damals an der Schweizer Grenze stationiert und hatte dafür zu sorgen, dass keine Juden entwischten. Oft standen ausgehungerte Menschen vor ihm, mit aufgerissenen Augen, in schmutzigen Mänteln und mit ein paar kleinen Koffern. Es brach ihm jedes Mal das Herz, wenn er sie inhaftieren musste. Er war damals achtzehn Jahre alt. Immer häufiger übernahm er freiwillig die Nachtschicht, war gelegentlich allein auf dem Posten. Etwa dreißig Flüchtlingen verhalf er unbemerkt über die Grenze. Als Held fühlte er sich weder damals noch heute. Gern hätte er Morgana geschrieben, dass ihm der Krieg den Glauben an ein höheres Wesen ausgetrieben hatte. Aber die Frau konnte rechnen. So kam sein Atheismus relativ unmotiviert daher, und sie diskutierten oft darüber. Morganas Vorstellung eines «Spirit» geht weit über die üblichen Gebilde hinaus. *Dieser* Frau glaubte er.

Unverhofft kam eines Tages per E-Mail ein Porträt von Morgana. Sie wolle nun endlich wissen, wie das Gesicht von Fantomas aussehe und mache hiermit den Anfang. Sie trug ihr gelocktes Haar kinnlang, einige Silberfäden durchzogen das kräftige Dunkelbraun. Aber diese Augen. Auch alte Esel können sich verlieben. Spätestens, als er mit den Gehstöcken ein paar Foxtrott-Schritte im Gang hinlegte und beinahe das Regal mit den Essenstabletts umstieß, roch Severine den Braten und fragte, ob ihn der Hafer gestochen hätte oder ob es an dem Foto läge, das neuerdings an der Wand neben dem Bildschirm hing. Sie drohte ihm mit dem Finger und lachte ihr blondes Lachen.

Nach einer schlaflosen Nacht durchpflügte er seine Fotoalben nach einer passablen Aufnahme und stieß auf ein Bild, das sein Sohn an seinem fünfzigsten Geburtstag geschossen hatte. Es hatte etwas Zeitloses an sich, auch war es leicht unscharf. Dieses Bild also schickte er Morgana mit der Bemerkung, sie müsse die schlechte Qualität entschuldigen, aber er habe bei einem Brand den Hausrat verloren und deshalb die erstbeste noch verbliebene Aufnahme genommen. Als Morgana antwortete, dass das Porträt sie berühre und sie sich nun vollends in ihn verliebt habe, schnappte die Falle zu.

Eine Woche lang unterband er den Kontakt und seufzte vor sich hin. Was Severine zu der Frage verleitete, ob er

Kummer habe. Was er mit einer bissigen, gemeinen Antwort quittierte. Er schämt sich heute noch dafür. Severine jedenfalls war eine ganze Weile kalt wie ein Eisblock und grob beim Ankleiden. Seine vorsichtigen Schmerzensbekundungen überging sie mit einem Achselzucken. Frauen können fies sein. Besonders die jungen von heute. Sie lenken nicht einmal mehr ein. Severine ließ ihn schmoren, bis er wie dieser Schweinebraten war, den man mit der Gabel zerdrücken kann.

Man sitzt in der Badewanne, rundum verchromte Haltegriffe, und eine beflissene Pflegerin schrubbt einem den Rücken mit einer groben Wurzelbürste, bis man kaum mehr Pieps sagen kann. All das geschieht schweigend, selbst den Seifenschaum in den Augen erduldet man ohne aufzumucken. Man kann nicht raus aus der Wanne, weil man dazu die Hilfe der Pflegerin benötigt. Kann einfach nicht weg. Also jammert man gekonnt. «Wenn Sie mit Ihrem Selbstmitleid fertig sind, dann könnte glatt mal eine Entschuldigung drin liegen, Herr Hummler. Haben Sie sich's mit der Internet-Dame verdorben? Haben Sie der auch solche Schmeicheleien an den Kopf geschmissen?», fragte Severine und hielt ihm die kalt eingestellte Brause über den Scheitel. Steckt die alten Politiker in diese Wanne und mancher Krieg versickert im Abfluss. Was blieb ihm anderes übrig? Er gestand die Geschichte mit Morgana und Severine lachte ihn aus. Ihr Gelächter hallte so laut im gekachelten Raum, dass eine andere Pflegerin hereinstürmte. «Ein guter Witz», sagte Severine und kniff ihn ins Ohr. «Und noch immer ist die Entschuldigung ausstehend», meinte sie und half ihm auf. Er seufzte.

Kurz bevor Severine Feierabend hatte, schaute sie bei ihm herein. Sie hörte sich geduldig seine diversen Strategien an und zog eine Stirnfalte. «Und», hakte er nach, «was würden Sie mir vorschlagen?» Aber sie sagte keinen Ton. Sie lächelte, blickte ihm penetrant in die Augen und verließ das Zimmer.

Er könnte verschwinden! Einfach das Geld für den Kaffee auf den Tisch legen und gehen. Sich auf eine Bank im Museumspark setzen und auf Severine warten. Immer noch hat er Angst.

Männer weinen nicht. Jedenfalls nicht öffentlich. Schon gar nicht, wenn sie über fünfzig sind. Da sollte man sich charakterlich so weit entwickelt haben, dass man nicht mehr zu weinen braucht. Alice Schwarzer lächelt jetzt bestimmt in ihre appetitliche Kinnlade. Seine Frau fehlt ihm, der Phantomschmerz will nicht aufhören. Nach so vielen Ehejahren hatten sie sich zwar nicht auseinandergelebt, aber die Gewohnheit, die nicht unangenehm war, hatte an der Leidenschaft geknabbert. Seine Frau hatte an einer schweren Krankheit gelitten, sodass ihr Hinscheiden erlösend war. Als er auf dem Friedhof stand und zusah, wie der Sarg in dieses Loch gelassen wurde, war da nichts mehr, was zu einer Träne gereicht hätte.

Dass er sich wieder verlieben konnte! Er hatte einfach die ablaufende Lebenszeit negiert. Dass manche Dinge niemals wiederkehren. Spielte dieses hässliche Spiel, weil ein Atheistendasein etwas Beklemmendes hat. Weil da nichts ist, an dem man sich festhalten kann. Wie sagte Severine? Ein alter Zyniker sei er. Einer, der sich ausklammere und meine, er könne sich über andere stellen. Er weinte in der Nacht nach dem Bad. Das Weinen eines alten Mannes klingt furchtbar. Wie eine heisere Eule, wie ein Präriehund mit Husten. Ohne Zynismus kann er nun mal nicht überleben.

Zehn vor drei. Er folgt dem Sekundenzeiger der Wanduhr über der Theke. Zehn Minuten. Er verscheucht die Vorstellung, wie sie das Café betritt. Jedes suchende Frauengesicht verstärkt seine Übelkeit. Auch jetzt könnte er noch verschwinden. Wenn sie sich im Eingang kreuzten, hielte sie ihm wahrscheinlich den Türflügel auf. Anlächeln würde sie ihn, und er würde etwas nuscheln und auf den Boden starren. Sie würden einfach aneinander vorbeigehen.

Er starrt die einzelne Rose an, für welche die Bedienung eine Vase gebracht hat. Leuchtend und dunkelrot ragt sie in den Raum. Ihre Blätter sind samtig, ihr Duft zart. Noch vier Minuten bis drei. Er sieht einen Schatten auf die Eingangstür zukommen, sieht sie durch die Glasscheibe den Türgriff ziehen. Dann steht sie im Raum und blickt suchend über die Tische. Bei der Rose hält sie inne. Ihr Blick fällt auf sein faltiges, sorgfältig rasiertes Gesicht.

Fulgurit

Heftiger Regen schlug an die Scheiben. Paula war wie gewöhnlich zu früh und dennoch verärgert. Typisch Beli. Sie hatte ihr die falsche Ankunftszeit durchgegeben und danach korrigiert: Komme eine Stunde früher an, habe mich vertan. Und Paula war, Aquaplaning hin oder her, über die Autobahn gerast, ohne Tankstopp. Sie schaute von der Uhr auf die Anzeigetafel. Das Flugzeug von London war gelistet und sollte bald landen. Tauschen wollte sie nicht, eine Landung bei diesem Wetter war eine harte Probe fürs Nervenkostüm. Beli hatte Flugangst und schluckte immer eine Pille in der Toilette beim Gate, bevor sie in ein «Gerät» einstieg, das, wie sie öfters bemerkt hatte, eigentlich viel zu schwer zum Fliegen sei und beim Aufprall in mindestens eine Million Fetzen zerrissen würde. An den Scheiben drückten ein paar Kinder ihre Nasen platt, Erwachsene beobachteten mit kritischen Gesichtern die Rollbahnen. Windböen trieben Wasservorhänge in Wellen vor sich her. Prompt erschien die Anzeige «delayed». Es blieb also Zeit für einen Kaffee. Paula trank ihn viel zu hastig und verbrannte sich die Zunge. Auch diese pelzige Taubheit ärgerte sie. Nun glaubte sie, das Flugzeug zu erkennen, das durch die Wolken brach und dann schlingernd auf der Rollbahn aufsetzte.

«Landed», verkündete die Tafel. Sie erhob sich, um Beli in Empfang zu nehmen, und wartete eine gute Viertelstunde vor der Halle mit den Rollbändern. Ihre Schwester schlenderte durch die Automatiktüren und winkte ihr zu. Sie sah gut aus: gebräunter Teint, schmaler als bei der Abreise, der Haarschopf war blond gesträhnt von der Sonne Cornwalls, das in diesem Sommer eine unerwartete Hitzewelle erlebt hatte. Beli lachte, lief auf sie zu und umarmte sie. Paula spürte die Sonnenwärme, die von ihr ausging.

«Wo ist dein Rucksack?», fragte sie, wunderte sich auch über die unbekannte Kleidung, die ihre Schwester trug.

«Ich habe keinen mehr», sagte Beli und schlenkerte eine kleine Tasche, «habe Ballast abgeworfen.»

Paulas fragenden Gesichtsausdruck überging Beli mit einem Niesen. Den Rucksack hatte sie bestimmt wieder irgendwo stehen lassen.

«350 Kilometer zu Fuß», sagte Paula, «das hätte ich dir nicht zugetraut.»

«Ich mir auch nicht.» Belis Blick wurde glasig.

«Was ist?», fragte Paula, die sich in Richtung Parkhaus bewegte.

«Nichts», sagte Beli.

Das Licht kippte ins Grau des Abends.

«Nicht trödeln», rief Paula.

«Warum stresst du so?», fragte Beli und stolperte hinter ihr auf die Rolltreppe.

«Weil ich noch etwas vom Sonntag haben möchte», gab Paula zurück.

Auf der Fahrt war Beli still und betrachtete die Landschaft, die draußen vorbeizog. Der Regen peitschte die Windschutzscheibe.

«Es sieht so aus», sagte Beli plötzlich und streckte die Beine aus, «als ob das Auto gar nicht mehr auf der Straße fährt, sondern durch die Tropfen fliegt.»

Sie lehnte im Beifahrersitz und hatte die Hände locker im Schoß liegen. Für Beli eher ungewöhnlich, die sich sonst mindestens mit einer Hand irgendwo festhielt, am Griff, am Gurt, an der Jacke oder mit Vorliebe an ihrer Handtasche, die sie normalerweise wie einen Schutzschild vor dem Bauch platzierte.

Als Paula bei einer Raststätte den Tank füllte, bemerkte sie einen Lichtschimmer im Auto und dachte, sie hätte die Innenbeleuchtung angelassen. Sie hätte beinahe den Tankstutzen fallen lassen, schaute ein zweites Mal hin, aber da war es verschwunden, dieses haarfeine Leuchten, das von Beli wie ein Nachglühen ausgegangen war. Wahrscheinlich die Scheinwerfer eines Wagens oder das Neonlicht des Tankstellenshops, dachte sie. Ihre Schwester war so ruhig – sicher hatte sie zu viele Beruhigungstabletten eingeworfen. Was Beli bei der Weiterfahrt aber verneinte, sie hätte die Pillen unterwegs verloren und sie auch nicht gebraucht.

«Hast du dir nicht in die Hosen gemacht bei diesem unruhigen Flug?», fragte sie, als sie wieder auf die Autobahn fuhren.

«Spotte du nur», sagte Beli und lachte wieder, rund und warm – und fremd. Endlich konnte Paula ihr ein paar Worte über die Wanderungen an der Südwestküste Englands entlocken. Beli beschrieb Steilhänge mit violetter Besenheide, Klippen in leuchtenden Erzfarben, die Flugbahnen der Möwen und die Tiere, die ihren Weg gekreuzt hatten. Ein Reh, ganz nah. Ein Dachs im Unterholz, ein Stier auf einer Weide. Wie sie Meile um Meile über Klippenränder gegangen war, anfangs mit schmerzenden Knien und üblem Sonnenbrand auf Waden und Armen. Wie sie hinter einem Stechginster das schweißnasse T-Shirt gewechselt hatte. Wie überrascht sie gewesen sei, dass es ein Leichtes war, stundenlang nichts Besonderes zu denken. Als ob Denken nur eine üble Angewohnheit wäre, die man beim Laufen nach und nach ablegte. Beli erzählte voller Inbrunst, doch Paula hatte den Eindruck, als behielte sie etwas zurück.

Eine halbe Stunde später setzte sie Beli zu Hause ab und umarmte sie zum Abschied.

«Du hast abgenommen», sagte Paula.

«Nimm's nicht persönlich», sagte Beli.

Bevor sie die Autotür schloss, hielt Beli inne.

«Übrigens möchte ich nicht mehr ‚Beli' genannt werden.»

«Wie sonst?», fragte Paula, die einen der üblichen Scherze vermutete. «Wonder Woman?»

«Belinda», sagte ihre Schwester, «einfach Belinda. Wie es im Pass steht.»

«Der Name passt nicht zu dir», rief Paula ihr zu, da ihre Schwester bereits vor der Tür stand und ihren Hausschlüssel aus dem Versteck hinter dem Fensterladen nestelte. Beli ließ die Tasche zu Boden gleiten und kam zum Auto zurück.

«Was denkst du: Wem gehört ein Name? Der Person, die ihn trägt, oder jener, die ihn gegeben hat?», fragte sie.

Beli stand vor ihr, in diesem Infrarot-Schimmer, den sie deutlich sehen konnte und der beim nächsten Blinzeln wieder verschwand.

«Ein Name ist Zufall, man gewöhnt sich daran», gab Paula zurück.

«Ich habe meinen Namen gehört, oben in Cornwall, in den Grashalmen, in den Windböen, im Wellenschlagen», sagte Beli.

«Wahrscheinlich hätte dir Gesellschaft beim Wandern gutgetan», sagte Paula und stieg ins Auto, «aber wenn es dir wichtig ist, *Belinda.*»

Die Arbeitswoche elektrisierte Paula wie gewöhnlich, sie erledigte ihre Pflichten surrend wie ein Generator. In den kurzen Minuten, wenn der Kaffeeautomat brummte, wenn sie sich die Hände wusch oder beim Lunch in den Salatresten stocherte, schob sich Belis Antlitz wie ein Dia vor die Augen und mit diesem die Fragen, die ihre Ankunft am Sonntag hinterlassen hatte: Was war mit Belis Rucksack geschehen? Wie sollte sie das Unbehagen deuten, das ihre Schwester verursachte? Und vor allem: Was hatte es mit diesem Leuchten auf sich, das Paula an Beli gesehen hatte, dieser seltsame Schimmer, der aufflammte und verschwand und sie dermaßen irritierte, dass sie nach der Arbeit einen Augenarzt aufsuchte. Der ihr aber ein tadelloses Funktionieren des Sehorgans attestierte und diese Erscheinungen als Stresssymptom abtat. Auch wenn sie es nur bei Beli bemerkt hatte. Abends ging Paula joggen und brachte Meter um Meter hinter sich. Ihre Gedanken hallten wie ein kakophonischer Chorgesang bei jedem Schritt, da sie sich an Belis Aussage erinnerte, beim Wandern kaum mehr etwas gedacht zu haben. Ihr gelang es mitnichten. Je länger sie lief, desto ausgelassener purzelten ihre Gedanken durcheinander. Sie ließen sich weder abstellen noch in Bahnen lenken. Jeder Passant, Busch oder Scheinwerferkegel entzündete den Zirkus von Neuem, jede Gebäudetafel und jedes an ihr vorbeibrausende Auto. Wie konnte es sein, dass Beli etwas gelungen war, das sie nicht einmal ansatzweise in den Griff bekam? Wie kam es, dass sie nun diese schwesterliche Leuchtspur vor sich hatte, anstatt selbst die ersten Tritte zu setzen?

Derart verunsichert besuchte Paula ihre Schwester am Wochenende, entschlossen, Antworten auf ihre Fragen zu bekommen. «Belinda» kam ihr nur holprig über die Lippen. Beli freute sich über ihr Kommen und goss eine Kanne Schwarztee auf. Die Wohnung war aufgeräumt und leerer, als sie diese in Erinnerung hatte. Die Glasvitrine in der Ecke, in der Beli ihre gesammelten Reisesouvenirs präsentiert hatte, war ebenfalls leergeräumt. Stattdessen lag dort ein seltsames Ding, eine Art kristallines, mehrfach geschwungenes Röhrenstück von der Länge eines Unterarms.

«Was ist das denn?», fragte Paula und spürte ein Kribbeln im Nacken.

Das sei ihr in Cornwall quasi vor die Füße gefallen, bemerkte Beli lediglich dazu. Überhaupt schien es Paula, ihre Schwester höre ihr gar nicht genau zu und frage öfters nach, wenn sie etwas gesagt hatte. Nach dem Tee schlug

Beli vor, einen ausgiebigen Sonntagsspaziergang zu unternehmen, über die Wiesen unter dem Bergwald Richtung Süden. Beli schritt tüchtig aus, fiel sofort in ein Wandertempo, das Paula so von ihr nicht kannte – ihre Schwester, die sonst ins Keuchen verfiel, wenn es bergauf ging.

«Was ist denn nun mit deinem Rucksack passiert?», fragte Paula, als sie auf der Holzbrücke standen, die über einen Bergbach führte. Das Wasser rauschte laut und Beli antwortete nicht. Sie stieß sie an und wiederholte die Frage, was ihrer Schwester ein Lächeln entlockte.

«Der liegt vielleicht heute noch irgendwo in der Watergate Bay», sagte Beli, «ich habe ihn aus den Augen verloren.»

«Typisch», sagte Paula, «eigentlich wundert es mich nicht.»

«Es war eine Ausnahmesituation», sagte Beli und ging weiter.

«Es ist immer eine Ausnahmesituation bei dir», sagte Paula.

Beli ging nicht darauf ein, sondern bog in die alte Landstraße Richtung Dorf ab. Das letzte Stück des Wegs führte über eine schmale Asphaltstraße, die von Buchen und Eichen gesäumt war. Dort rasteten sie auf einer Bank, die im Abendlicht lag, das Holz war noch warm von der Sonne. Grillen zirpten und sie saßen eine ganze Weile dort.

«Du bist anders», sagte Paula. «Irgendetwas stimmt nicht mit dir.»

«Du und deine drei Ks», sagte Beli, «Korrektur, Kontrolle und Konkurrenz.»

Paula wollte aufbrausen und die kleine Schwester zurechtweisen, die aber stupste sie an und deutete nach Westen. Über dem Berggrat begann sich eine enorme Ambosswolke aufzutürmen.

«Das Ding in der Vitrine ist ein Fulgurit», sagte Beli, die wie aus der Ferne zu Paula sprach. «Wenn ein Blitz in Sand einschlägt, hinterlässt er im Untergrund einen Abdruck seiner ganzen Wucht, indem er die Sandkörner zu einer gläsernen Röhre schmilzt.»

Paula horchte auf, aber Beli sprach weiter: «So ein Blitz ist wie ein Wesen aus einer anderen Dimension. Wenn man ihn von Weitem betrachtet, ist er nichts als ein berauschendes Muster am Himmel. – Hast du dich nie gefragt, was er im Boden hinterlässt, wenn er einschlägt?»

Paula blickte ihrer Schwester ins Gesicht, als sähe sie sie zum ersten Mal. Das Licht zeichnete jedes Detail, in der Ferne rollte der erste Donner. Um Belindas Augen erkannte sie feine Falten, und die Haarsträhnen waren nicht von der Sonne gebleicht und blond, sondern grau.

«Lass uns heimgehen», sagte Belinda und erhob sich, «man soll die Wahrscheinlichkeit nicht herausfordern.»

Ein erster Blitz zeichnete sich vor der Wolkenfront ab, das Gewitter war noch weit entfernt. Paula fröstelte und ließ ihre Schwester vorausgehen.

Aufs Geratewohl

Sieben Stunden und 32 Minuten Schweigen. Von Wien Westbahnhof bis Feldkirch. *Perlmanns Schweigen* ruht entweder auf dem kleinen Tischchen am Fenster oder in ihrem Schoß. Die meiste Zeit aber hält sie das Buch vors Gesicht, damit ihm der Titel möglichst ins Auge sticht. Kufstein liegt hinter, Innsbruck vor ihnen. Er raschelt dauernd mit der dicken Zeitung, die er sich am Bahnhofskiosk gekauft hat. Blättert, faltet, stapelt, sortiert, ordnet. Sie ist sicher, dass er inzwischen sämtliche Kleinanzeigen gelesen hat. Dann versucht er, aus der Jacke ein Schlafpolster zu rollen. Er weiß genau, dass sie ein aufblasbares Nackenkissen in der Reisetasche hat. Kurze Zeit später schläft er. Sein Atem klingt wie ein kaputter Blasebalg. Sie hofft, dass er nicht sabbert. Sie schämte sich, wenn Fahrgäste ihr Abteil passierten und ihr Blick auf einen Spuckefaden fiele. Es sind nicht die Falten, die sie in diesen Stunden besonders deutlich erkennt, oder das schüttere Haar. Die welke Haut unter dem Hemdkragen und den kleinen Bauch, der sich über dem Gürtel staut. Auf seltsame Art bleibt das junge Gesicht, in das sie sich einst verliebt hat, immer in seinen Zügen enthalten. Es ist das kratzbürstige Wesen, das die Liebenswürdigkeit verdrängt. Ein Schimmelpilz.

Sie lauscht dem Rhythmus der Zugräder. So hört sich

Fernweh an. Nur, dass sie auf dem Weg nach Hause sind und die Reise bald vorbei sein wird. Sie wäre gern viel mehr gereist. Aufs Geratewohl. So, wie sie die letzten Tage in Wien verbracht hat. Der puren Lust folgend, abseits der Ströme vielleicht. Wo es weniger nach Inszenierung aussieht, sondern nach mehr Leben riecht. Und wenn es tatsächlich «riecht», was wäre daran so schlimm? Sie denkt an Worte, die sie auf dem Globus findet. Eine ihrer Lieblingsbeschäftigungen ist, einen Atlas aufzuschlagen, mit dem Finger über Gebirge und Ebenen zu gleiten und bei Orten Halt zu machen, die einen besonderen Klang haben. *Wladiwostok* zum Beispiel jagt ihr Schauer über den Rücken. *Ulan-Bator* auch. *Carcasonne* klingt wie ein Gitarrensolo von Clapton, bestimmt ist *Enderbyland* ein verwunschener Ort. Was wohl in *Lauchhammer* so alles abgeht, oder in *Temuco*, das sie an Liliput erinnert? Zum Lachen bringt sie *Wausau*, vor allem, weil es in den USA liegt. Von diesen Fingerreisen bekommt sie nie genug. Manchmal forscht sie weiter und kommt den Worten auf die Spur. Betrachtet Bildbände oder leiht sich DVDs aus. Genau so würde sie auf Reisen gehen: dem Klang der Worte nach. *Er* hört das Klingen nicht, für ihn zählen andere Dinge. Hotelsterne zum Beispiel, Wechselkurse und Transferminuten, oder ob er die Destination als *zivilisiert* betrachtet. Auf eigene Faust würde er nie auf Reisen gehen. Am liebsten ist ihm ein genauer Plan für jeden Tag und ein Reiseführer, der ihm alles einrichtet und erklärt. Sie versucht zu lesen, aber es gelingt ihr nicht, den Irrwegen Perlmanns zu folgen. Sie legt ihm einen Zettel hin: *Bin im Speisewagen*. Dann nimmt sie ihre Handtasche und stolpert durch die Gänge, immer hoffend, dass der Zug keine Kurve nehmen muss und sie womöglich einem dieser jungen Männer auf die Beine fällt. Es würde ihr die Schamröte ins Gesicht treiben. Aber es geht gut, sie lässt sich an einem der Tische nieder. Der Kellner stellt ihr einen Spülwasser-Kaffee hin, sie denkt an den Mocca, den sie im Café Eiles getrunken hat. Der Kellner lächelt, aber sie sieht die Berufsmaske. Der Speisewagen ist fast leer und das ist gut so. Es soll ihr niemand ins Gesicht sehen, wenn sie das erste Mal deutlich an das Wort *Scheidung* denkt. Wenn es Buchstabe für Buchstabe vor ihrem inneren Auge vorbeizieht und sie genau aufpasst, wie sie sich dabei fühlt. *Skagerrak und Kattegat.*

Als Cassian noch gearbeitet hatte, war das Leben erträglich gewesen. Inmitten der Rituale fühlte sie sich beinahe geborgen. *Friedland.* Die Aufgaben, die an sie herangetragen wurden, gaben ihr einen sicheren Rahmen. Mit den Jahren nahm sie sich mehr Freiheiten. Sport zum Beispiel, oder den Beitritt zu einem Literaturclub. Ihre Bücherwand ist in den letzten Jahren stetig gewachsen, es ist ihr eine Freude, den Blick über all die Buchrücken und die dahinter verborgenen Welten wandern zu lassen. Es gab wieder mehr Platz für Träume. Sie malte sich aus, dass sie auf Reisen gehen würden. Vom *Mount McKinley* bis *Feuerland.* Immer öfter ließ sie den Finger über die Landkarten gleiten und spürte den Klängen dieser Orte nach. Doch Cassians Pensionierung brachte Klänge ganz anderer Art. Schnell wurde er der Hobbys überdrüssig und verbrachte die meisten Nachmittage in seinem Sessel. Er hatte einen Narren an Sudokus gefressen und bespickte zahllose Heftseiten mit Ziffern. Hätten sie nicht ihre Hündin Cora mit ihrem dringenden Laufbedürfnis gehabt, wäre er wohl bald an seinem Sessel angewachsen. Um das Einerlei zu unterbrechen, schlug sie ihm eine Reise nach Wien vor. Zu süß, zu verlockend klangen die Worte *Hofburg*, *Maria Theresia* und *Stephansdom* in ihren Ohren.

«Können wir schon machen», sagte er dazu und blätterte sein Sudoku-Heft um, «mit welcher Gesellschaft reisen wir?»

«Mit keiner», sagte sie, «wir buchen Zug und Hotel und dann sehen wir uns einfach die Stadt an und lassen uns dahin treiben, wo's uns hinzieht.»

Seine Antwort war ein langer Atemzug – aber er willigte ein. Ihre Tochter half ihr bei der Buchung und das Hotel suchte sie vornehmlich nach dem Klang des Namens aus. *Haydn* und *Mariahilfer Straße* klangen gut. *Risiko* – auch wenn es hier nur ganz leise mitschwang, war ebenfalls ein spannendes Stück Musik. Sie zeigte ihm Fotos des Hotels und die Zugtickets, die per Post gekommen waren. Und dann fuhren sie nach Osten. Sie blickte dauernd aus dem Fenster und beobachtete, wie aus steilen Felshängen weite Ebenen wurden, hörte den Dialekten zu, die den Zug bevölkerten. Aß *Krautfleckerln* im Speisewagen und war so guter Dinge wie schon lange nicht mehr.

«Ja, ja, von was das Herz voll ist, fließt der Mund über», sagte er, als sie in ihrer Freude über die bevorstehenden Tage das Plaudern nicht lassen konnte. In ihrem Abteil saß ein Ehepaar, das ihr sofort und ihm wenig gefiel. Einträchtig hockten sie nebeneinander, ein ebenso eingespieltes Team, wie sie es waren. Aber in den Kommentaren des Paares über die vorbeiziehenden Landschaften hörte sie einen Rhythmus, der ihr und Cassian fehlte. Ihr Singsang und sein Bass klangen nach vielen Jahren des gemeinsamen Musizierens. In Wels stiegen die beiden aus.

«Dieser Bart war ja wohl das Letzte», sagte Cassian, «ein richtiger Flohzirkus.»

Dann ließ er sich über die rundliche Frau an der Seite des «Alpöhi» aus, die eine etwas gewagte Zusammenstellung an Strickpullover und gemustertem Halstuch getragen hatte.

Sie sagte nichts dazu. Wenn sie erwidert hätte, dass sie ihr gefallen hatten, hätten sie Streit bekommen. Ehepaare streiten sich nie wirklich um das Vordergründige, gestritten wird um das Verdeckte und Beiseite-Geschobene. Stattdessen blickte sie aus dem Fenster in die Nacht, sah aber nichts weiter als das Spiegelbild ihres Gesichts. Das Glas und das dunkle Österreich dahinter milderten ihre Falten.

Spät kamen sie an und stiegen ins erste Taxi, das sie sahen.

«Nein, weit ist's nicht», sagte der Fahrer und fuhr los, «das kostet um die fünf Euro.»

Das Taxi war alt mit durchgesessenen Sitzen. Sie spürte jede Straßenbahnschiene. Wahrscheinlich war die Kabine nicht besonders sauber, aber das Nachtlicht verhinderte eine genaue Inspektion. Der Fahrer plauderte in breitem Wienerisch und anfangs verstand sie kaum etwas. Ein paar Minuten später hievte er ihre beiden Rollkoffer auf den Gehsteig. Sie gab ihm einen Euro Trinkgeld und sah an der Falte zwischen Cassians Brauen, dass das wohl zu viel des Guten war. Sie erreichten die Rezeption über einen schmuddeligen Lift. Ein typisches Stadthaus mit großzügigem Treppenhaus und verglasten Türen. Cassian bedachte alles mit verhaltenem Nasenrümpfen, aber er sagte nichts. Stillschweigend hatte er sie zur Reiseleiterin erkoren. Aber das war ihr egal. Das Zimmer bot durch deckenhohe Fenster einen Blick auf die Mariahilfer Straße. Man konnte sich aufs Fensterbrett setzen und dem Treiben unten zusehen. Er packte bereits seinen Rollkoffer aus und schichtete Hemden in den Kleiderschrank. Dann begutachtete er das Bad und ließ probehalber die Dusche laufen.

«Die Brause ist verkalkt», sagte er, «das dauert ewig, bis man das Shampoo ausgewaschen kriegt.»

«Wir haben doch Zeit», sagte sie und beobachtete einen Stadtstreicher, der sich mit drei vollgestopften Plastiktaschen auf einer Bank unterhalb des Hotelfensters niederließ. Sie erschrak bei diesem Anblick. Der Penner wühlte in einem Abfalleimer, schien aber nichts zu finden. Schließlich zog er eine Flasche aus einer Plastiktasche und trank. Wobei er beinahe von der Bank kippte. Cassian hatte sich unterdessen im frischen Pyjama aufs Bett gelegt und zappte die Fernsehkanäle durch.

Am nächsten Morgen stand sie voll Tatendrang auf und zog die Vorhänge beiseite. Die Geschäfte hatten gerade die Türen geöffnet und die Angestellten schoben prall gefüllte Gestelle auf die Gehsteige. Sie waren mitten in Wiens Shopping-Paradies gelandet. Die Mülltonnen waren leer. Das Scheppern des Müllwagens hatte sie um sechs Uhr das erste Mal geweckt. Das zweite Mal wurde sie kurz nach sieben wach, als der Berufsverkehr einsetzte. Natürlich hatte sie der Lärm geärgert. Aber gegenüber war ein Drogeriemarkt und ihr erster Einkauf würden Ohrenstöpsel sein. Cassian bemühte sich, nicht mürrisch zu sein. Und so kamen sie in den Frühstücksraum, wo ihnen ganz Europa entgegenschwappte. Auch wenn nichts nach *Haydn* klang in diesem Hotel, war die Frau, die den Kaffee servierte, eine kleine Sinfonie. Sie war schmal, trug das dunkle Haar aus dem Gesicht gebunden und bewegte sich leichtfüßig. Sie dachte an eine Gouvernante, als die Frau an ihren Tisch trat. Ihre Freundlichkeit tat wohl nach dem lauten Morgen.

«Hast du die fetten Warzen gesehen?», flüsterte Cassian, als er sein Brötchen aufschnitt.

Natürlich waren ihr die fleischigen Warzen am Kinn der Frau aufgefallen, aber die Wärme ihrer Augen und das perfekte Englisch, mit dem sie den Gast am Nebentisch ansprach, hatten sie davon abgelenkt.

«Nun, was möchtest du unternehmen?», fragte sie, als sie die Teller beiseite schoben.

«Hast du denn einen Plan gemacht?»

«Nein, ich habe nur ein paar Worte aufgeschrieben, die interessant klingen und die ich gern in Natura sehen möchte.»

«Du und deine Worte», sagte er und schüttelte den Kopf.

«Also gut», sagte sie, «zuerst gehen wir den Stephansdom anschauen, dann flanieren wir über die Kärntnerstraße, essen irgendwo zu Mittag, und am Nachmittag gehen wir ins Hofburgviertel.»

«Gut», sagte er, «aber zuerst muss ich eine längere Sitzung einschalten, du weißt ja, dass ich immer Verstopfung kriege, wenn ich so lange herumhocken muss.»

Sie beugte sich über den Plan der Wiener U-Bahn und studierte die verschiedenen Linien. Vor einiger Zeit hatte sie in der Bibliothek die Pläne der Untergrundbahnen von London, Berlin, New York und Tokio angesehen und die Muster verglichen. Wie Wurzelwerk waren sie ihr vorgekommen, seltsame Blumen der Dunkelheit. Ob Vorhöfe der Hölle oder eigene Planeten, das würde sie nun herausfinden, denn sie war noch nie mit einer U-Bahn gefahren. Das große U fanden sie gleich. Sie trieben mit den Passantenströmen nach unten, sie lauschte den Rolltreppen, die manchmal wie galoppierende Pferde klangen. Die Wagen rauschten in dunkle Löcher. Sie betrachtete die Fahrgäste, die meist mit ausdruckslosen Gesichtern auf den Bänken saßen oder lässig im Gang standen. Tatsächlich kam ihr dieses unterirdische Gewusel wie ein eigener Planet vor, eine Spiegelung der Oberfläche, das Yin zum Yang. Als die Rolltreppe sie wieder nach oben trug, sahen sie als Erstes die in den Himmel strebende Fassade des Doms vor sich. Und dann die Massen an bunten Flecken, die sich über den Platz und in die einmündenden Gassen schoben.

Sie zogen ihr kleines Touristenprogramm durch und schlenderten durch Wiens Fußgängerzone. Cassian klagte ab und zu über seine besten Halbschuhe aus Leder. Noch bevor sich die ersten Blasen zeigen sollten, zog sie ihn in ein Schuhgeschäft und nötigte ihn zu einem Paar weicher Turnschuhe.

«Was möchtest du essen?», fragte sie ihn, als er das Gesicht verzogen und über einen knurrenden Magen geklagt hatte.

«Weiß nicht», sagte er.

«Wiener Schnitzel vielleicht?», antwortete sie.

Später hatten sie sich in ein gemütliches *Beisl* in der Neubaugasse verzogen und warteten auf ihre Bestellung. Sie bemerkte, dass an einer Tür ein ganzer Packen Papiertüten hing und befürchtete das, was sich dann auf ihren Tellern türmte: eine kaum verzehrbare Menge an krossen Schnitzeln. Er schnitt und biss und kaute und unterdrückte ab und an ein Rülpsen. Sie gab nach knapp zwei Schnitzeln auf und lehnte sich zurück.

«Willst du die wirklich alle essen?», fragte sie.

«Ich lasse doch den Teller nicht halbvoll stehen», meinte er und stopfte ein weiteres Stück in den Mund.

«Kannst du doch mitnehmen», sagte sie.

«Bin doch kein Amerikaner.»

Cassian verputzte die fünf Schnitzel, während sie die ihren einpacken ließ. Sie waren nicht besonders weit gekommen, als er meckerte, er müsse sich ausruhen und verdauen. Also ließ sie ihn im Hotel zurück und besuchte ein Kunstmuseum. Unterwegs drückte sie die noch warme Papiertüte einem Penner in die Hand, der sie verlegen an sich nahm. Bereits nach wenigen Stunden in einer anderen Stadt fragte sie sich das erste Mal, vor dem Schiele im Leopold Museum, ob sie die Reise nicht besser mit einer Freundin unternommen und Cassian stattdessen mit seinen Sudokus im Sessel gelassen hätte. Umso erstaunter war sie, als er bei ihrer Rückkehr verkündete, er wolle ins Demel. Oder ins Hawelka. Ob's auch das Sacher sein könne, fragte sie nach. Doch Cassian schüttelte den Kopf und meinte, dabei denke er immer an diese alte Fernsehserie, in der Fritz Eckhardt mitgespielt habe – und diesen Eckhardt habe er nie gemocht. Nun gut, dachte sie, also ins Demel.

Diese Kuchenpracht und Schokoladenherrlichkeit, die bereits das Buffet verhieß. Im oberen Stock fanden sie unter einem Lüster, der nach reinstem Zuckerwerk aussah, ein freies Tischchen. Cassian musterte seine Tischnachbarn mit zusammengezogenen Brauen. Sie musste ihm Recht geben. Das Demel war gediegen und die Nougattorte mehr als eine Sünde wert, aber von einer Wiener Authentizität war nicht viel übrig. Eigentlich war es mit Disneyland gleichzusetzen. *Demel* klang sowieso irgendwie *dämlich*. Hätte sie sich nach dem Klang der Worte gerichtet, wäre sie niemals dort eingekehrt, sondern hätte in den Gassen nach dem gesucht, was ihrer Vorstellung von Wiener Poesie mehr entsprochen hätte. Als sie die Rechnung bekamen, stockte ihnen der Atem.

«Das ist ja die reinste Abzocke!», schimpfte Cassian und zählte das Geld auf die Marmorplatte.

«Das ist halt so, wenn man im berühmtesten Café sitzen will.»

«Du weißt doch immer, wo man am besten hingeht. Du hättest mich ja davon abhalten können.»

«War's nicht recht?», fragte die Kellnerin, als sie Cassians mürrisches Gesicht bemerkte.

«Alles bestens», sagte er, «das nächste Mal raube ich eine Bank aus, bevor ich hier einen Kaffee trinke.»

Sie hegte die Befürchtung, dass er die Reise nach Wien bereute. Aber er verhielt sich ruhig und steuerte in Richtung Hotel, weil er sich vor dem Abendessen noch etwas hinlegen wollte.

«Du willst *Sushi* essen?», staunte Cassian, als sie auf der Suche nach einem Restaurant abends die Gumpendorferstraße hinunterschlenderten und bei einem winzigen japanischen Restaurant vorbeikamen.

Natürlich war das ein Fauxpas, aber das Lokal sah einladend und hübsch aus und sie hatte genug von deftiger Wiener Küche, sodass ihr ein ehrliches Sushi lieber war als alle Mohnnudeln der Welt.

«Weißt du denn, wie das schmeckt?», sagte er und schob sich hinter einen winzigen Tisch in der Ecke, «das ist roher Fisch!»

Sie schob ihm die Karte zu und deutete auf Speisen, die nicht roh oder barbarisch waren.

«Das ist dieses Wasabi», sagte sie, als sie die Sushi-Platten serviert bekamen und er das ganze hellgrüne Klümpchen in die Sojasauce rührte, «das ist scharf.»

«So schlimm wird's nicht sein», sagte er und badete das Lachsreiskunstwerk darin. Und aß es mit einem Bissen. Wurde rot und röter, die Tränen liefen ihm übers Gesicht. Schließlich sprang er auf und hastete zu den Toiletten. Autsch, dachte sie. In der Zwischenzeit genoss sie ein Häppchen nach dem anderen und fand, dass es all die Worte auf der Japankarte ebenfalls wert waren, sie als

Reiseziel in Betracht zu ziehen. Verlegen lächelnd kam er an seinen Platz zurück und bestellte souverän ein neues Schälchen. Natürlich aß er seine Platte leer, und es schien ihm sogar zu schmecken. Trotzdem sei Sushi nicht seins, meinte er später, als sie sich für die Nacht gebettet hatten. Dann lieber nochmals eine Portion Schnitzel.

«Wohl bekomms!», sagte sie dazu und nahm ihr Buch zur Hand. Der Gedanke, er könnte sich womöglich zärtlich zu ihr herüberneigen, wurde sofort von einem Bild öltriefender Schnitzel vergällt.

Sie schaute zu Cassian hinüber, der sich in Kissenbergen verbarrikadiert hatte und schnarchte. An diesem Morgen kam ihr der Verkehrslärm unerträglich vor, sie nahm ein leises Vibrieren der Glasscheiben wahr, wenn draußen ein Lastwagen anfuhr. Wie am Tag zuvor zeigte sich über den Giebeln ein blauer Himmel, was sie einigermaßen besänftigte. Durch eine regennasse Stadt zu pilgern, hätte ihre Reisefreuden etwas getrübt. Cassian ächzte dann doch aus dem Schlaf und machte sich zurecht. Sie selbst war längst parat fürs Frühstück.

«Und? Wohin heute?», fragte er, als sie frühstückten.

«Gibt es etwas, was dich interessiert?», fragte sie.

«Du machst hier doch die Pläne», sagte er.

Aber er meinte es nicht sarkastisch. Trotzdem ärgerte es sie auf einmal, dass er ihr die Verantwortung zugeschoben hatte.

«Du hättest ja auch mal in den Reiseführer schauen können», sagte sie.

«Das verwirrt mich alles, ich kann mich nicht entscheiden.»

Sie schlug vor, zum Naschmarkt zu fahren. Wie könnte man diesem Wort widerstehen. Linkerhand der U-Bahn-Station wurde ein Flohmarkt abgehalten. Aber das Gewühl, das sich zwischen den Ständen zeigte, schreckte sie ab. Sie tauchten in die enge Gasse zwischen den Markthäuschen ein. Sie bestaunte die farbenfrohen Auslagen an Früchten, Oliven, die Käsetheken und Schnellimbisse.

«Das sind ja fast alles Türken», sagte Cassian, als er zum wiederholten Mal ein Versuchshäppchen abgelehnt hatte.

«Ja und?»

«Eindeutig zu viele Touristen», sagte er und drängte sich an zwei dicken Männern vorbei, «dieses Schubsen kann ich nicht leiden.»

Etwas ungehalten zeigte sie ihm einen Platz in einer Imbissbude und sagte, er solle doch einen Kaffee trinken, während sie nochmals eine Runde drehen wollte. Sie wusste, dass er ihr nachblickte. Aber er würde seinen Platz nicht verlassen, bis sie wiederkam. Sie fragte sich, wie lange er wohl sitzen bleiben würde, falls sie nicht wiederkäme. Sie genoss es, an den Ständen vorbeizuschlendern, hier und dort etwas zu probieren. Einzukaufen. Die Händler lächelten ihr zu. Obwohl es wiederum eine geschäftsmäßige Freundlichkeit war, fand sie es wohltuend, für alles, was sie tat, angelächelt zu werden. Schließlich kehrte sie mit einigen Taschen zu Cassian zurück, der bereits beim zweiten Kaffee saß.

Je länger sie in Wien unterwegs waren, desto düsterer wurde ihre Stimmung. Sie führte ihn in betörende Gassen, in prächtige Bauten, vor opulente Gemälde, in versteckte

Kaffeehäuser. Je mehr sie sich erfreute, desto fader wurde ihr der Gatte. Sie hatten zwei Kinder großgezogen, ein Haus gebaut, einen Garten angelegt. Sie hatten all die Jahre einträchtig damit verbracht, sich voneinander zu entfernen. Je mehr er nörgelte, desto brennender wurde ihr Wunsch, ihm eine Ohrfeige zu verpassen.

«Hast du gewusst, dass Sisi ab einem bestimmten Alter keine Porträts mehr von sich ertragen hat und auf Fotos nachträglich ihr Gesicht hat wegretuschieren lassen?», fragte sie ihn, während sie vor einem Porträt standen und die Haarpracht der Kaiserin Elisabeth betrachteten.

«Frauen ab 45 werden eben unattraktiv. Die meisten sollte man eh nicht mehr auf die Straße lassen», sagte Cassian, «du bist auch nicht mehr das frische Äpfelchen, das ich geheiratet habe.»

«Und du bist ein konservierter Adonis, was?», sagte sie und verließ den Ausstellungsaal.

Sie hörte ihn hinter sich hertrippeln, aber sie blickte sich nicht um, sondern wollte nur an die frische Luft. Draußen setzte sie sich auf eine Bank und holte tief Luft. Er setzte sich neben sie und räusperte sich.

«Ich gehe ins Hotel», sagte sie und stand auf.

Dort packte es sie plötzlich und sie stopfte ihre Sachen in den Rollkoffer. Ihre Arme fühlten sich wie zwei glühende Hämmer an, die am liebsten etwas zerschlagen hätten. Er saß reglos im Sessel und verfolgte ihre Bewegungen mit immer bleicher werdendem Gesicht.

«Was tust du?», fragte er. «Das war doch nicht so gemeint! Man wird doch mal einen Spaß machen dürfen!»

«Spaß?», fauchte sie. «Du weißt doch gar nicht, was das heißt! Ich quäle mich mit einem faulen, nörgelnden, alten Sack durch die Kaiserstadt! Ich habe noch kein freundliches Wort von dir gehört, seit wir hier sind. Du kannst machen, was du willst! Nach Hause fahren, hier bleiben. Ist mir völlig egal. Ich suche mir ein anderes Hotel. Vielleicht bist du in zwei Tagen am Bahnhof, vielleicht auch nicht. Auch das ist mir egal.»

Sie schlug den Kofferdeckel zu, packte die Handtasche und verließ das Zimmer. Bestellte ein Taxi und fuhr in der Dämmerung durch die Stadt. Der Taxifahrer blickte immer wieder verblüfft in den Rückspiegel, wenn sie ihn anwies, noch eine Runde zu drehen. Als das Taxameter an die fünfzig Euro anzeigte, ließ sie ihn in der Taborstraße bei einem Hotel halten. Sie bekam das letzte freie Einzelzimmer unter dem Dach, eine enge, etwas schmuddelige Zelle – aber sie war allein. In der Eile hatte sie eines der Sudoku-Hefte eingepackt. Das schmiss sie aus dem Fenster und sah zu, wie es flatternd nach unten fiel und auf dem Gehsteig aufschlug. Beinahe wäre es einem Mann an der Haltestelle auf den Kopf gefallen.

Die nächsten beiden Tage ließ sie sich von den Stadtworten ziehen: Strudelhofgasse – Orangerie – Belvedere – Dreimäderlhaus – Donauweibchenbrunnen – Mozart – Puppen- und Spielzeugmuseum – Praterstern – Neidhart von Reuenthal – Melange – Kornspitz – Kaiserschmarren. Sie lief sich die Hacken ab im Garten von Schönbrunn, ging ins Haus des Meeres und verweilte eine Stunde auf dessen Dachterrasse, wo in großen Lettern *Im Frieden der Nacht* stand, und ließ den Blick in den Häuserschluchten schweifen. Sie verdrückte eine Torte im *Sperl* und schaute eine Ausstellung von Joseph Beuys an, dessen Installationen sie zwar nicht verstand, dessen Telefonskizzen sie aber berührten. Sie ging ins *Mumok*, einzig des Klangs wegen. Sie fuhr ziellos mit der U-Bahn von Ost nach West und gelangte in trübe Außenviertel, wo sie die Namen auf abblätternden Klingelschildchen las. Sie ließ sich im *Amalienbad* durchs Chlorwasser treiben. Sie kam sich vor wie ein sich aufladender Akku, und jede Straßenkreuzung verschaffte ihr Neues, stillte den Durst, von dem sie nicht gewusst hatte, wie groß er gewesen war. Cassian vermisste sie bei den Unternehmungen nicht. In der Innenstadt glaubte sie, ihn in einem Fiaker gesehen zu haben. Eine stocksteife Gestalt mit hochgezogenen Schultern. Sie dachte an die Abfahrt am nächsten Tag und fragte sich, ob er noch in der Stadt weilte.

Am letzten Abend wollte sie nicht allein essen und lud kurzerhand einen Penner ein, sie zu begleiten. Der Mann konnte sein Staunen kaum überwinden. Nach der Vorspeise und dem zweiten Glas Riesling taute er auf und erzählte seine Lebensgeschichte. Einst Herrenschneider in einem der besseren Viertel, war er nach dem Tod seiner Ehefrau immer mehr dem Suff verfallen. Bis er sein Geschäft liquidieren musste und langsam abstieg. Aus der Wohnung in eine miese kleine Pension, von dort auf die Straße. Und die Scham, die ihn fortwährend begleitet und ihn gehindert hatte, Hilfe zu suchen. Als ein Blumenverkäufer das Restaurant betrat, kaufte er mit einer Handvoll Münzen, die er aus den Tiefen seiner Manteltasche klaubte, eine rote Rose und lächelte ihr verlegen zu. Selten hatte sie etwas so mit Freude erfüllt wie diese angewelkte Blume. Sie wünschte in diesem Moment, Cassian hätte durch die Scheiben in die Gaststube geblickt und alles beobachtet. Beim Abschied gaben sie sich die Hände. Der Schneider winkte ihr so lange nach, bis sie in die Straßenbahn stieg und zu ihrer Einzimmerzelle fuhr.

Pünktlich stand sie kurz vor neun auf dem Bahnsteig am Westbahnhof und sah Cassian auf einer Bank sitzen. Er sah aus, als hätte er die Nacht dort verbracht. Den ersten Satz, den er an sie richtete, schnitt sie ihm mit ein paar barschen Worten entzwei. Im Zug ließ sie sich auf dem Sitz nieder und kramte *Perlmanns Schweigen* hervor. Er knetete seine Finger und starrte aus dem Fenster. Und dann rollte der Zug an und glitt aus Wien hinaus, an den Vorstädten vorbei aufs Land, und sie hörte dem Knirschen und Pfeifen zu.

Sie muss das Zeitgefühl verloren haben, hier im Speisewagen. Ihr Kaffee ist kalt geworden und der Kellner blickt jedes Mal erwartungsvoll in ihr Gesicht, wenn er an ihr vorbeieilt. Hunger hat sie nicht. Eine Schläfrigkeit treibt sie ins Abteil zurück. Er sitzt noch immer auf seinem Platz, aber er ist wach. Sie glaubt, dass er ihr Buch genommen und darin gelesen hat, denn es liegt anders dort, als sie es zurückgelassen hat. Noch nie hat er jemals eins ihrer Bücher zur Hand genommen. Am liebsten hätte sie ihm den Perlmann auf den Kopf geschlagen. Aber er tut ihr ein wenig leid. Innsbruck liegt hinter ihnen, der Arlberg kündigt sich an. Immer höher geht die Fahrt zwischen den Berghängen. Cassian späht meistens in die Abgründe und misst vielleicht den Abstand der Schienen dazu ab. Ihr graut mehr vor dem Tunnel als vor den Abgründen: Zehn Kilometer durch den Berg zu fahren mit einer Masse von Gestein über ihrem Schädel. Starr sitzt sie am Fenster. Ihre Augen flimmern wegen der erleuchteten Tunnelwände, die vorbeiflitzen. Endlich bricht der Zug in die Nachmittagshelle aus. Sie atmet wieder normal. Aber Feldkirch rückt näher. Die Endstation. Jetzt weiß sie nicht mehr, ob sie das Schweigen aufrechterhält, um ihn zu strafen, oder weil sie fürchtet, den Anfang eines Gesprächs nicht mehr zu finden. Also starrt sie nach draußen und lässt sich von der Geschwindigkeit betäuben. Männer können jämmerlich werden, wenn Frauen unerwartet Widerstand bieten. Es erschüttert sie geradezu in den Grundfesten. Aber sie nicht minder. Sie bleibt beim Schweigen und versucht nichts zu denken.

Dann fährt der Zug in Feldkirch ein. Sie wuchten die Koffer auf den Bahnsteig. Es weht ein scharfer Wind. Eine Weile bleibt sie stehen und schließt die Augen.

Bipolarnacht

Er konnte nicht anders: Jedes Mal, wenn er in den Ulmenweg einbog, betätigte er mehrmals den Gashebel und ließ die Victory aufheulen. Er liebte es, wenn sich das Knattern an den Hauswänden überschlug und die Nachbarn auf den Terrassen Herzklopfen bekamen. Unter den Kronen der Ulmen und Ahornbäume brauste er zum elterlichen Anwesen und bog in die Hofeinfahrt ein. Stellte die blank polierte Victory neben die Limousine seiner Mutter und fuhr liebevoll mit dem Finger über den Tank. In den Kopfhörern dröhnten Gitarren, rau und rotzig. Er lief über die Stufen zum Garten, dieser Rasenteppich, so säuberlich gestutzt, die Büsche prachtvoll, das Rauschen des Rasensprengers versprach Idylle, kein Blättchen stand schräg oder war welk. Im Dunst sah er das Rheintal liegen, die Weiler, Äcker und Straßen, die Autobahn mit ihrem monotonen Rauschen.

Schräg gegenüber lag die Villa der Alten, von einem grünen Wall umgeben. «Recherchieren» nannte er seine Besuche dort. In der Küche öffnete er den Vorratsschrank und klaubte eine Packung Kekse hervor. Seine Mutter kam vom oberen Stock, ihr Gesicht mit Knitterfalten überzogen; sie hatte wohl wie üblich den Vormittag im abgedunkelten Schlafzimmer verbracht. «Ich suche mein Therapeutikum», sagte sie und strich sich das Haar glatt.

«Musst du immer so gestelzt daherreden? Es sind einfach Pillen», sagte er. Sie zog die Augenbrauen hoch. Dann öffnete sie hektisch eine Schublade nach der anderen. «Die Pillen sind hinter der Zuckerdose», sagte er, «und ich geh noch einen Sprung rüber.» – «Schon wieder?» Seine Mutter drückte eine Pille aus der Blisterpackung und schluckte sie ohne Wasser. Danach schob sie eine Tasse unter die Kaffeemaschine. Die Küchenablage glänzte in edlem Anthrazit. Sie fuhr mit einem Lappen darüber, mikrofeinen Bröseln hinterher. «Diese Frau gehört in eine Anstalt», sagte sie und rieb den Ausguss trocken, «schon längst. Mir wird übel, wenn ich dieses Haus anschaue.» Wenn er sich darauf einließe, gäbe es die übliche Diskussion. Entweder mit Türenknallen oder mit der in Tränen schwimmenden Mutter. Sie musterte mit dunklem Blick die Keksschachtel, sagte aber nichts. Er ging durchs Wohnzimmer. Phantasievoll war hier nur der Innenarchitekt gewesen. Seltsam, dass diese Leere es schaffte, ihm den Brustkorb einzuengen. Er lief nach draußen in die Sonnenhelle, schob das Gartentor der Villa auf und betrat den Gehweg. Zwischen den Pflastersteinen quollen Mooskissen. Der Verputz war an manchen Stellen weggeplatzt, die Fassade verwittert. Die Klingel war kaputt, also pochte er mehrmals laut an die Haustür. Wie üblich drückte er die Klinke und trat ein. Das Entree, einst bestimmt von Helle durchflutet, war in gedämpftes Licht getaucht. Bis zur Decke Stapel mit Zeitungen und Illustrierten, es schienen Doppelreihen zu sein. Die Durchgänge, ehemals Türen, boten gerade Platz, um durchzuschlüpfen. Er bewegte sich vorsichtig, um nichts umzustoßen. Fragile Stalagmiten säumten den Gang, links die Stapel mit den Glasflaschen, zuerst weiß, dann grün, dann braun, rechts die penibel gefalteten Tetra-Packungen und Kartonschachteln, alles nach Farben und Größen sortiert. «Rosalind? Wo steckst du? Ich habe Kekse mitgebracht.» Er mochte den Geruch, nach altem Stein und Holz, nach etwas Bouillon, manchmal auch nach Lavendel. Aus einer der Aussparungen, die vielleicht in ein ehemaliges Wohnzimmer führte, kam die Alte hervorgeschlurft. Sie ging an diesem Tag langsamer als sonst und trug eine Kombination aus bunt geflecktem Pullover und gestreifter Hose, um den Hals ein Tuch mit Rosenmuster drapiert. Ihre Frisur erinnerte ihn an jene von Amy Winehouse. Sie lächelte. Er folgte ihr in die Küche. Zwischen aufgestapelten Kisten und Schachteln stand ein Herd, daneben ein Spülbecken. Ein Tisch wuchs aus einer Wand mit aufgeschichteten und flachgedrückten Plastikflaschen, zwei Stühle mit je drei Stuhlkissen. «Kaffee?» Er nickte. Im Schrank standen, sortiert und turmhoch ineinander gestellt, mindestens achtzig Tassen, aus mehreren Jahrhunderten, wie es schien. Die Alte nahm eine rote mit weißen Punkten und eine mit blauem Schnörkelmuster. Sie muss einmal eine anmutige Frau gewesen sein, dachte er, als er Rosalind mit der Kaffeemaschine hantieren sah. Ihr Profil war wohlproportioniert. Er sinnierte über ihre frühere Haarfarbe nach. «Brünett», sagte sie und grinste, «meine Haare, damals.» Er lachte und pulte die Keksschachtel auf. Sie flachsten miteinander und manchmal kam ihm vor, als ob sie gar mit ihm flirtete – und er mit ihr, unbeschwert und absichtslos. Wie üblich bat sie ihn, neues Material aufzuschichten, er musste dazu auf eine Trittleiter steigen, die er im schmalen Durchgang kaum aufstellen konnte. Danach entließ sie ihn zu seinen Pirschgängen. «Ich werde dir alles vererben!», rief sie ihm kokett nach, als er sich zwischen mehreren Säulen aus Modekatalogen zur Treppe in den oberen Stock durchwand. Die Villa war voller labyrinthartiger Windungen, ein ausgestülptes Gehirn. Als ginge er in Rosalinds Erinnerungen spazieren, die sich, wie es Erinnerungen an sich haben, mehrfach verändern konnten, je nachdem, ob man sie häufig ansah oder lange nicht mehr betrachtet hatte. Es verging kaum ein Besuch ohne Entdeckungen. Gerade letzte Woche hatte er Musterbücher alter Tapeten im Mansardenzimmer unter der Dachschräge gefunden. Oder einen Schrank voller Wollknäuel, selbstredend nach Farben sortiert. Besonders spannend waren die Reisekoffer mit Postkarten, Briefen und Fotos, die im Aufgang zum Dachboden lagerten. Und vor einem Monat hatte er neben dem ehemaligen Badezimmer der Hausangestellten eine Kiste mit Zinnsoldaten und anderen Spielfiguren ausgegraben. Er konnte sich stundenlang mit diesen Forschungen beschäftigen. Rosalind hatte alles nach geheimnisvollen Prinzipien sortiert. Im Nachmittagslicht, das durch die Fensterschlitze fiel und die Staubpartikel tanzen ließ, entdeckte er schließlich eine Blechdose mit Fotos. Auf einem Hocker, den er unter einer Kaskade von Kissenhüllen hervorgezogen hatte, ließ er sich nieder und betrachtete die Bilder. Kinder bei farbstichigen Sommerspielen, erste Schultage, die Zürcher Bahnhofstraße in den Sechzigern, ein ansehnlicher Mann mit Pfeife und Backenbart, einmal im Anzug, dann im Rollkragenpullover.

Er sah wie der Ehemann von Audrey Hepburn aus, jedenfalls hätte er gut zu ihr gepasst. Rosalind, die er nicht hatte kommen hören, stand plötzlich neben ihm, nahm mit sanftem Griff das Foto des Mannes aus seiner Hand und bettete es wie einen toten Vogel in die Blechdose. Er schob den Deckel darüber und stellte sie ins Regal zurück. «Sorry», sagte er und merkte, dass er rot geworden sein musste. Er folgte ihr nach unten in eines der Erkerzimmer. Zwischen zwei riesigen Bücherregalen (dahinter konnte er ein weiteres Regal sehen) befand sich ein Sofa mit Schnörkelbeinen, davor stand ein Salontisch. Er setzte sich und die Alte reichte ihm ein Glas Limonade. Vom Fenster war nur ein Flügel zu sehen, der andere verschwand hinter einem Bücherstapel. Durch den Fensterspalt hatte er Sicht auf das elterliche Anwesen. Sein Vater war inzwischen nach Hause gekommen. Die Eltern waren im Garten, seine Mutter redete mit hektischen Gesten auf den Vater ein und lief dabei hin und her. Er sah, wie sie einen Arm hob und auf den Vater zuging. Er wandte das Gesicht ab. Er kannte das. Sie würde ihn schlagen wollen und er würde ihr Handgelenk fassen, dann das andere und sie so lange festhalten, bis sie sich beruhigt hatte. Danach würde der Vater die Mutter in den Arm nehmen, wie man ein krankes Kind in den Arm nimmt. Rosalind legte ihre faltige, weiche Hand auf seine. «Was machen die Politikwissenschaften?» «Sobald ich den Master habe, bin ich weg», sagte er. «Du besuchst mich doch weiterhin?» Er nickte. «Das Foto …», sagte er. «Mein Mann, ja», gab Rosalind zur Antwort. «Vor vierzig Jahren ist er nach Namibia gereist. Diamantengeschäfte. Von dort ist er nie zurückgekommen.» Er bemerkte, dass ihre Hände zitterten. Dachte an das Geschwätz der Nachbarn, an die Gerüchte. Die Alte habe ihren Mann vertrieben oder ihn umgebracht und im Garten vergraben. «Ich weiß, was über mich getratscht wird», sagte Rosalind, «und dass sie mich für einen Messie halten. Was angesichts dieses Hauses wohl kein Wunder ist.» Sie schmunzelte. «Für einen Messie bist du ziemlich ordentlich», sagte er. Das Handy meldete sich in der Hosentasche. Wahrscheinlich seine Mutter, es war Zeit fürs Abendessen. Er erhob sich und half ihr auf die Beine. Wären die Gänge nicht so schmal gewesen, hätte sie sich bei ihm untergehakt, es wäre schön gewesen, ihre welke Hand auf dem Arm zu spüren. «Diese Villa», sagte sie, als sie zum Entree tappten, «ist kein Messie-Haus.» Er verabschiedete sich wie üblich mit einem Kuss auf ihre Wange. Er sah ihr Gesicht hinter den Scheiben der Haustür, bis er das rostige Gartentor zugezogen hatte. Auf der Straße standen bereits die Container für die Müllabfuhr am nächsten Tag. Allein der Ulmenweg musste es auf zwei volle Müllwagen bringen. Rosalinds Villa war kein Messie-Haus, sondern ein Statement, das begriff er, als er über die polierten Steinböden des elterlichen Hauses schlitterte. Er hörte Geschirrklappern, fand seine Eltern in gefährlichem Schweigen am Esstisch. Er tauschte mit seinem Vater ein paar Floskeln, während die Mutter das Besteck geraderückte. «Er war schon wieder drüben!», sagte seine Mutter und klatschte Kartoffelpüree auf die Teller, «dauernd geht er zu dieser Verrückten. Diese Frau gehört in eine Anstalt, mir wird übel, wenn ich dieses Haus nur anschaue. Ein Schandfleck, ein riesiger Schandfleck.» Er stellte sich taub und aß. «Ich muss mein Therapeutikum einnehmen», sagte die Mutter nach dem Essen und erhob sich, fuhr mit dem Finger prüfend über das lackschwarze Sideboard. «Vergiss nicht, dir von der Apotheke den Nachschub senden zu lassen», rief sein Vater ihr nach.

Je öfter er Rosalind besuchte, desto mehr schien seine Mutter sich auf die Villa zu fixieren. Dabei besuchte er die alte Dame höchstens zweimal die Woche, half ihr ein wenig bei Instandhaltungsarbeiten und forschte in den oberen Stockwerken, in denen die ältesten Stapel zu finden waren. Er entdeckte Koffer voller Kinderkleider und Mappen mit Zeichnungen, er fand alte Schulzeugnisse von Rosalind und handgeschriebene Kontobücher ihres Mannes. An den Abenden lernte er in seinem Zimmer für die Semesterprüfungen, oftmals stand seine Mutter im Türrahmen und beobachtete ihn. «Was suchst du eigentlich da drüben?», fragte sie. «Es ist doch nicht normal, dass ein junger Mann bei einer verrückten Alten hockt.» «Was ist schon normal», sagte er. Wenn er ihre Gesellschaft nicht mehr ertrug, verließ er das Haus, brauste mit dem Motorrad ins Dorf und traf Freunde in der einzig vernünftigen Bar. Keine dieser Schickimicki-Kneipen, wo die Gelackten ihre Mojitos schlürften und die Aufgebrezelten ihre Prosecco-Tulpen leerten. Der Bikertreff am Dorfrand war einfach und das Bier frisch. Er hatte nächtelang dort gejobbt, um die Victory abzuzahlen. Er wusste, dass seine Freunde dachten, er sei mit einem goldenen Löffel im Mund auf die Welt gekommen, und nicht verstehen konnten, weshalb sein Vater, Treuhänder und Vermögensverwalter, das Motorrad nicht einfach aus der Portokasse bezahlt hatte. Was wussten die schon. Rosalind freute sich über seine Besuche auf stille Weise. Während er in der Villa das Sammelsurium untersuchte, saß sie manchmal im Parterre an einem alten Klavier und spielte. Sie traf nicht immer alle Töne, ihre Finger waren von Rheuma geplagt, aber er mochte es, wenn die Melodien durch die Gänge wanderten.

An diesem Tag klopfte es vehement an der Haustür. Das Klavierspiel verstummte und wenig später hörte er die Stimme seiner Mutter. Er fand die beiden Frauen im Entree, seine Mutter fuchtelte mit den Händen und beklagte sich über seine Abwesenheiten und das Haus, das – bei diesen Worten deutete sie auf die Zeitungsstapel – längst hätte geräumt werden müssen. Rosalind stand reglos und bemerkte: «Bei anderen fällt einem ganz besonders das auf, was man selbst in sich trägt. Denken Sie darüber nach.» «Auf Ihre Laienpsychologie pfeife ich. – Und du kommst sofort nach Hause», sagte die Mutter und verließ, bleich geworden, die Villa. «Geh jetzt, Junge», sagte Rosalind, «das nimmt Formen an, die mir nicht gefallen.»

«Das war ein schräge Aktion vorhin», sagte er später beim Abendessen, «es hätte gerade noch gefehlt, dass du mich an den Ohren aus dem Nachbarhaus ziehst.»

«Du hast da drüben nichts verloren», sagte die Mutter und dann, an seinen Vater gewandt, «das glaubst du nicht, wie es dort aussieht. Es ist krank, sich dermaßen an die Vergangenheit zu klammern. Man muss nach vorn schauen.» Besonders, wenn man den Blick zurück nicht erträgt, dachte er. «Sich an Materielles zu klammern ist eine einseitige Sicht der Dinge», sagte sie, «es würde mich nicht wundern, wenn sie ihre abgeschnittenen Fingernägel sammelt.» Er knallte das Besteck auf den Tisch. Die Mutter zuckte zusammen. Sein Vater hob beschwichtigend den Arm, er kannte das, er hasste diese laue Komplizenschaft, die der Vater abzog, um die Nerven seiner Frau zu schonen. Als sie in der Küche verschwand, flüsterte der Vater ihm zu, er solle vernünftig sein, sie sei fragil und habe ihre Depression noch nicht im Griff. Bevor er etwas antworten konnte, klirrte es in der Küche. In kurzen Abständen schlugen Geschirr und Kochtöpfe auf dem Boden auf. Sein Vater sprang auf, doch da kam die Mutter mit einer dampfenden Schüssel ins Esszimmer, schmetterte diese auf den Tisch, dass die Sauce über den Rand schwappte. «Ich wünsche, dass du in Zukunft die Gesellschaft dieser Frau meidest», sagte sie, «dein Platz ist hier. Nicht in diesem Chaos.»

«Es fragt sich, wo hier das Chaos ist», sagte er, tippte sich an die Stirn und erhob sich. Im Gang riss er die Jacke vom Haken und schickte sich an, das Haus zu verlassen. «Wo gehst du hin?», rief seine Mutter. «In die Kneipe. Ich schlafe auswärts, bei einem Freund.» Sein Vater brüllte etwas, seine Mutter schrie ihm nach. Er schlug die Haustür zu, rannte auf den Vorplatz und schwang sich aufs Motorrad.

Seine Stammkneipe war gut besetzt. Am Tresen hockte sein bester Freund in Begleitung einer Frau, die er auf Anhieb mochte. Sie lachte an den richtigen Stellen, ohne schrill zu werden, sie hörte aufmerksam zu und erzählte ohne Aufdringlichkeit von sich selbst. Ihre Kommentare empfand er als treffend, ihre Gesten waren ruhig und gezielt. Als sie für kurze Zeit in der Toilette verschwand, sagte der Freund, dass er an seiner neuen Freundin, so seltsam es klinge, deren Klugheit am meisten schätze. Selbstredend, dass er den Freund, auf dessen Couch er eigentlich zu übernachten gedacht hatte, nicht um diesen Gefallen bitten konnte. Denn so, wie die beiden einander angurrten, war klar, wer bei seinem Freund schlafen würde. Nach zwei Bieren verabschiedete er sich und ging nach draußen. Die Nacht war lau, durch die Birken strich eine Brise. Er hörte, wie die Nachtfalter leise gegen den Leuchtkörper der Straßenlampe prallten. Unschlüssig drehte er ein paar Runden im Dorfzentrum und schlug dann den Weg in die Berge ein. Nach wenigen Kurven erreichte er eine Anhöhe mit kleinem Parkplatz, wo er die Victory abstellte und sich auf eine Bank setzte. Er war schon länger nicht mehr hier gewesen, aber auch diesmal überwältigte ihn der Blick ins Tal. Ein Lichtermeer lag unter ihm. Blickte er längere Zeit ins Funkeln, begann der Lichtteppich sanft zu pulsieren wie ein Sternenhimmel. Er blickte nach oben. Einen unverschleierten Nachthimmel sehen – die plötzliche Heftigkeit dieses Wunsches schmerzte ihn.

Auf dem Weg ins Tal begann er das Tempo zu steigern und raste in die Spitzkurven, spürte, wie es ihn über die Leitplanken tragen wollte, ein Sekundenbruchteil des Nachgebens würde ihn über die Böschung schlagen. Aber er fand den Weg ins Dorf und in den Ulmenweg. Er bemühte sich, den Motor nicht wie sonst aufheulen zu lassen. Das Motorrad parkte er nicht vor dem Elternhaus, sondern ein Stück weiter oben, wo der Weg sich gabelte. Durch das Wohnzimmerfenster sah er das Geflimmer des Fernsehers. Auch in der Villa brannte Licht. Als er bei Rosalind an die Haustür pochte, blieb es lange still. Endlich ging die Tür einen Spalt auf, er sah aufgelöstes Haar und ein kritisches Augenpaar. Es dauerte ein paar Sekunden, bis sie ihn hineinließ. Sie murrte, als er ihr in den schmalen Gang folgte und sie um einen Schlafplatz bat. Die Kammer im Erdgeschoss hatte er noch nie gesehen, sie war mit gebündelten Zeitungen rundum zugestapelt, vom Gilb verfärbt. Sie wies ihm ein Sofa zu, es sah ungemütlich und zu klein aus. «Nur eine Nacht, Bursche, und keine weitere», sagte sie und ging hinaus. Er ließ sich auf dem Sofa nieder. Es war hart, er spürte die Sprungfedern unter dem Stoff. Rosalind kam wenig später zurück und warf ihm eine Decke und ein Kissen hin. «Sie kommen ins Haus, laden ihr Zeug ab und lassen dich dann allein, so sieht es aus», sagte sie, «ich kann dein Zeug nicht auch noch unterbringen. Gute Nacht.» Dann ging sie. Er fragte sich, wie er je mit ihr schäkern oder etwas Liebliches in diesen Falten hatte finden können, die ihren Augen nun eine unerwartete Strenge gaben. Es roch abgestanden, regelrecht moderig, aus dem Sofa stiegen weitere muffige Gerüche. Er schaffte es, den einen Fensterflügel aufzustoßen, seine Hand passte gerade zwischen den Zeitungsstapeln hindurch. Die Kirchturmuhr schlug elf. Die Sprungfedern drückten in Rücken und Hintern, die Decke scheuerte. Aber er harrte aus und wartete auf den Schlaf. Im Dunkeln sahen die Zeitungstürme aus, als kippten sie in der nächsten Minute um. Die Gerüchte über Rosalind kamen ihm nun nicht mehr abwegig vor, vielleicht lag ihr Mann bereits jahrzehntelang in irgendeiner Mansarde, begraben unter den Relikten der Ehejahre wie in einem Sarkophag. Er lag wie im Wachtraum und wachte dennoch immer wieder mit Bildern von Planeten und Polkappen auf, mit schmerzendem Rücken und dem Geruch der Decke in der Nase.

Im Morgengrauen erschreckte ihn ein Geräusch vor dem Fenster. Er versuchte aus dem Fensterschlitz zu spähen, hörte es aber nur plätschern und jemanden leise sprechen. Er tastete sich durch den Gang zur hinteren Verandatür und von dort in den Garten. Endlich sah er die Gestalt, die sich mit einem Gegenstand abmühte. Es war seine Mutter, in einem anthrazitfarbenen Nachthemd und barfuß, die mit einem Kanister hantierte und eine Flüssigkeit über den Holzstoß schüttete, der unter dem Fenster seiner Kammer aufgeschichtet war. Schließlich versuchte sie ein Feuerzeug anzumachen. Sie schaffte es beim vierten oder fünften Mal und hielt die Flamme bereits an den mit Benzin getränkten Holzstoß. «Was tust du?», herrschte er sie an, entriss ihr das Feuerzeug und packte sie an den Schultern. «Was tust du?» Sie erstarrte. Er packte den Kanister, fasste die Mutter am Arm und stieg mit ihr über die Farne und Efeuranken. Als sie um die Hausecke bogen, stand Rosalind vor ihnen. Sie zielte mit einem Gewehr auf sie. Seine Mutter blieb erstaunlich ruhig. «Verschwindet», sagte Rosalind, «oder wollt ihr testen, ob die Knarre eingerostet ist oder nicht?» Er hob beschwichtigend die Hände. Doch Rosalind hielt das Gewehr weiterhin im Anschlag. Seine Mutter wandte sich ohne ein Wort in Richtung Gartentor und schritt, so gut es die Pflastersteine ihren Fußsohlen erlaubten, mit erhobenem Haupt über den Weg. Sie hatte das Nachthemd versehentlich mit Benzin bespritzt und stank wie eine Tankstelle. Er folgte ihr und zog das Gartentor zu, blickte nicht ein einziges Mal zurück.

Gegen Mittag hatte er die zwei Motorradtaschen vollgepackt. Er gehe nach Zürich und wohne vorerst bei einem Kollegen von der Uni, verkündete er seinen Eltern. Von seinem Vorhaben, das Studium für ein Jahr auszusetzen, sagte er nichts. Eine halbe Stunde später fuhr er am Walensee entlang, der an diesem Tag türkis schimmerte. Seine eigene Äquatorlinie wollte er finden. Seiner Mutter würde er aus Wales eine Postkarte schicken, mit dem Foto eines überwältigenden Sternenhimmels. Denn die Gravitation ist die formende Kraft im Universum.

Phasen der Taubheit

Urs schaut durch die Windschutzscheibe und kneift die Augenlider zusammen. Dabei trommelt er auf dem Lenkrad, kaut an einem Kaugummi und summt ein Gitarrensolo von Pink Floyd mit. Das Führerhaus bebt jedes Mal, wenn er anfährt, der Lkw ruckelt und pfeift, wenn er bremst. Wieder ein paar Meter. Vor ihnen reiht sich ein Wagen an den anderen die Serpentinen hinauf zum San Bernardino. Seit Roveredo, das sie nur als Straßenschild kennt. Urs geht im Song auf, sein ganzer Körper ist Pink Floyd. *Comfortably numb.* Sie beneidet ihn um Gleichmut und gute Laune. Wenn sie könnte, würde sie den Brummi eigenhändig anschieben und mit ihm die ganze Blechlawine, den Hang hinauf, Kurve um Kurve, bis zum von Abgas verrauchten Tunnelloch.

«Das wird eine Weile so weitergehen», sagt er und kramt einen Keks aus einer aufgerissenen Packung, «auch einen?»

Sie greift zu, mehr aus Verlegenheit und weil sie nicht weiß, was mit ihren Händen anfangen. Urs schaltet aufs Radio um, die Verkehrsmeldungen drohen mit weiteren Wartezeiten und einem Stau von elf Kilometern Länge. Und sie stehen mittendrin.

«Dein Mann», sagt Urs und bröselt dabei etwas Keks auf seine Jeans, «ist ja ein schräger Vogel – unglaublich.»

Er zwinkert ihr zu. Vor zwei Stunden versuchte sie möglichst unsichtbar im Beifahrersessel zu sitzen und betete zum Seitenfenster hinaus, dass sie hoffentlich nicht an so einen geraten war, der auf dem nächsten Parkplatz über sie herfällt. Sie lächelt und greift nach einem zweiten Keks.

«Ich verstehe es auch nicht», sagt sie und beschließt, Urs später irgendein Geschenk zu machen.

Ein ungeduldiger Sportwagen pfeift an ihnen vorbei und quetscht sich vorn in die Kolonne. Ein wütendes Hupen ertönt von allen Seiten. Rechterhand fällt der Hang steil ab und keiner möchte sich das Krachen des Karosserieblechs vorstellen, wenn ein Wagen die Leitplanke durchbricht und über die Böschung in den Talwinkel stürzt.

«Idiot», sagt Urs und drückt wieder auf Play und auf Pink Floyd.

Wieder ruckeln und zuckeln sie ein paar Meter weiter. Der Plastik-Elvis auf dem Armaturenbrett schwingt seine Hüften. Er ist blau und hat eine schwarze Tolle über der Stirn. Sie muss jedes Mal grinsen, wenn er hin und her wippt.

«Hat mir meine Freundin geschenkt», sagt Urs und tippt das Figürchen an, «dabei mag ich Elvis überhaupt nicht! Aber manchmal rede ich sogar mit dem blauen Herrn. Der ist ein Transformator.»

Sie versteht das sehr gut. Sie mimt die überraschte und entsetzte Ehefrau, aber sie versteht sehr gut, warum *er das* getan hat. Wieder hupt es hinter ihnen. Ein weiterer Idiot, der sich nicht ins Unabänderliche schickt.

«Korsika», sagt Urs plötzlich und wischt sein undefinierbar blondes Haar nach hinten, «es ist schön da. Elvis und ich haben vor ein paar Jahren einen Spezialtransport runtergefahren. Keine Ahnung mehr, was ich geladen habe. Das türkisblaue Wasser von Calvi, du meine Güte! Schätzchen, was hätte ich drum gegeben, da zu baden. Aber ich hab weiter runter nach Cargèse und in den Süden nach Bonifacio fahren müssen. Ausladen und mit der leeren Karre an der Ostseite wieder hoch nach Bastia, wieder einladen, rauf auf die Fähre, runter von der Fähre, Autobahn Genua, dann Mailand, dann San Bernardino und weiter nach Schaanwald. Fast so wie heute. Nur dass ich aus Sizilien komme.»

Die Bucht von Calvi in Cyanblau, wie ein Strand auf den Malediven. Unzählige bunte Segel pflügten die Wellen, als Toni und sie um die letzte Kurve bogen und, aus den Bergen kommend, ins Städtchen hineinfuhren. Ihr Hotel lag im Windschatten der mächtigen Zitadelle in einem Seitengässchen des Boulevard Wilson. Das Zimmer hatte Meerblick, rechts war die Befestigungsmauer der Zitadelle zu erkennen und ein Teil der Uferstraße. Links jedoch war ein Streifen der Macchie zu sehen, deren Ausläufer bis zu den Uferfelsen reichten. Je nach Windböe strich ihnen ein würziger Duft um die Nase. Das Zimmer selbst roch eigentümlich nach Lavendel und Gips; sie mochte das Zimmer, das noch nicht dem Renovierungswahn zum Opfer gefallen war, das alte Waschbecken mit dem oxidierten Abfluss, die hohe Decke mit den Lichtstreifen der französischen Fensterläden. Das Essen wurde auf einer kleinen Terrasse gleich neben der Fußgängerzone des Boulevard Wilson serviert. Geschäfte säumten die Gasse zum Strand. Als sie mit ihren Badetaschen an den Auslagen vorbeischlenderten, stachen ihr die grellbunten Schwimmreifen und Gummitiere ins Auge. Sie vermisste ihre beiden Töchter, die sie bei den Großeltern untergebracht hatten.

«Mach dir keine Sorgen, meine Mutter hat vier Kinder großgezogen, sie schafft das schon», sagte Toni und strich über ihre Schulter.

Als sie an der Kirche vorbeikamen, wollte sie hineingehen, die romanischen Gotteshäuser mit ihrer milchigen Dunkelheit und dem kühlen Steingeruch gefielen ihr. Doch Toni war viele Stunden gefahren und drängte zum Strand, um sich auszuruhen. Sie liebte es, fremde Städte mit einem Gang in eine leere Kirche zu begrüßen.

Am Strand fanden sie einen ruhigen Platz und steckten den Sonnenschirm in den Sand. Es dauerte nicht lange, da war Toni eingeschlafen. Das Wasser der Bucht war erfrischend und sie schwamm lange. Ihr Kopf war voller Zuhause, die Geschichten und Nöte der Mädchen, der lebhafte Alltag, ihr Teilzeitjob in einer sozialen Beratungsstelle. Kurze Filmchen durchwanderten ihre Gedanken. Es würde Tage dauern, bis sie verblassten. Sequenzen von Toni mischten sich wenige in den Bildersturm, und wenn, blieben sie vage. Sie schaute den Mann neben sich auf der bunten Stranddecke an. Da war bloßes Wissen, kein Spüren; diese Erkenntnis hatte sie vor ein paar Monaten wie ein Ziegel getroffen, der unverhofft vom Dach fällt. Am späten Nachmittag leerte sich der Strand. Toni schlug die Augen auf und gähnte. Die Anspannung, die vielen Arbeitsstunden und Sitzungen. Seine Müdigkeit war beinahe greifbar. Er überredete sie, nochmals in der Bucht mit ihm schwimmen zu gehen. Er neckte sie linkisch und plauderte freundlich, aber ihr war nicht entgangen, dass in seinen Augen eine Frage lag.

«Weißt du», sagte er beim Abendessen, als sie das weiße Fleisch aus den Greifzangen der Langusten pulten, «erst jetzt bin ich so richtig drin und durchschaue die Zusammenhänge. Man ist ja so naiv als Neueinsteiger. Dabei ist Politik ein ausgeklügeltes Räderwerk und man muss lernen, wo man drehen kann und wo nicht. All die ungeschriebenen Gesetze und geheimen Seilschaften, das Austarieren, Taktieren, das musste ich erst begreifen. Glaub mir, ein Idiot ist nur ein harmloser Ausdruck für einen Neuling. Aber jetzt», er zupfte beharrlich an einer Fleischfaser, bis sie sich aus dem Chitinpanzer löste, «spiele ich mit. Und neuerdings akzeptieren sie mich sogar, obwohl ich sie mit Ökologie und Umweltschutz traktiere – irgendwelche Interessen beschneidet man immer. Langsam und beharrlich, wie ein Mahlwerk. Ich bewege etwas.»

Er lächelte, und ihr fehlten die Worte. Früher hatte sie welche, als er für den Gemeinderat kandidiert und ihre volle Unterstützung genossen hatte. Einen Beitrag für die Gesellschaft leisten, Ideen einbringen, etwas tun – schöne Worte und gute Absichten. Doch dies bedeutete wöchentlich mindestens zwei Sitzungen, die Mitarbeit in Gremien, Vorbereitungsarbeit, Formulierung von Anträgen. Die politische Arbeit saß bei ihnen zu Tisch wie ein fünftes

Familienmitglied. Schulnöte und aufgeschlagene Knie, ihr häusliches Dasein und ihr eigener Job gerieten zu Marginalien. Bei Eiscreme und Espresso schwiegen sie und hörten die Zikaden, die unsichtbar in die Nacht schrillten. Touristen schlenderten vorbei, warfen neugierige Blicke auf die Teller. Toni gähnte wieder und wieder und sie gingen auf ihr Zimmer. Auf den Betten liegend fingerte er an den Trägern ihres Nachthemds, sein Atem in ihrem Ohr weckte Verlangen. Aber noch während seine Hand unter den Stoff glitt und über ihr Dekolleté wanderte, schlief er ein.

Am Strand hatte Toni meist geschlafen und war abends im Bett, kaum hatten sie die Lichter gelöscht, eingenickt. Sie aber war lange wach gelegen, hatte die wolkigen Wasserflecken an der Zimmerdecke betrachtet oder dem Meer gelauscht, das in den Nächten aufgewühlter schien und sich ruhelos ans Ufer warf. Nach zwei Tagen hatte sich Toni erholt, war in aufgeräumter Stimmung und von adoleszenter Unersättlichkeit. Sie liebten sich oft zwei Mal täglich. Abends im Bett sowieso. Untertags überfiel es sie an den unmöglichsten Orten. Im Auto auf einsamen Plätzen, im Schatten einer Piniengruppe, zwischen den roten Felsen der Calanche und einmal in der Toilette eines Restaurants in Bonifacio, durch dessen Fenster man den Grain de sable sehen konnte, der wie ein versteinerter Aquariumsfisch in der Bucht aufragte. Am fünften Tag dieser Eskapaden gönnten sie ihren Leibern eine Pause. Toni wirkte wie ein gesättigter Säugling.

Diese Unersättlichkeit behält sie Urs gegenüber für sich und erwähnt bloß, dass sie einen Anflug von Flitterwochen hatten. Urs gibt etwas Gas, sie schaffen wieder ein paar Meter. Der blecherne Wurm kriecht weiter, es stinkt nach Abgasen.

«Dann hängt er wohl an dir», sagt er und mustert sie neugierig.

Sie wird rot, spürt deutlich das Erhitzen ihrer Wangen. Warum erzählt sie ihm das alles? Steht es so schlimm um sie, dass sie einen Brummifahrer anjammern muss? «Magst du einen Schluck Kaffee?»

Er deutet auf die Thermosflasche zwischen den Sitzen.

«Es war wie Fliegen», hört sie sich sagen, «ein Rausch.»

Urs stupst Elvis an und lässt dessen Hüften neckisch wackeln.

«Na, was meinst du dazu?» Doch Plastik-Elvis bleibt stumm.

«Ich war früher mal Sozialarbeiter», sagt ihr Chauffeur plötzlich, «hab mich nicht abgrenzen können. Die Probleme der Leute haben mich in den Schlaf verfolgt. Ich hab von nichts anderem geredet. So lange, bis meine Frau ihre Koffer gepackt hat. Ich hab sogar ihre Warnungen überhört. Bin in ein Loch gefallen danach, die übliche Leier, wenn Männer den Jammer kriegen. Irgendwann hab ich alles hingeschmissen und bin ein glücklicher Lastwagenfahrer geworden. Verrückt, nicht? Prioritäten muss man setzen, wie es so nett heißt. Sollte sich dein Toni hinter die Ohren schreiben.»

Von seinem Erfolg im Beruf sprach Toni ständig. Von seinen Konzepten und Projekten alternativer Energiesysteme, er hatte sogar einen Energiepreis für eine hocheffiziente Heizanlage bekommen.

«Die Leute lernen um», sagte er eines Abends in einem Restaurant hinter dem Strand, «Rohstoff wird knapp, man will unabhängig vom arabischen Öl und russischen Gas sein. Dieser Energiepreis hat uns innert Jahresfrist 25 Prozent mehr Aufträge beschert, manche kommen sogar aus der Westschweiz oder Bayern.»

Sie stocherte im Salade niçoise und blickte auf die Sonnenscheibe, die sich dem Horizont als glühende Kupfermünze näherte.

«Einen Sonnenuntergang werde ich niemals kitschig finden», sagte sie.

«Du hast recht, wunderbar», gab Toni zurück und biss in ein Salatblatt, «die Sonne ist eine gewaltige Energiemaschine, wenn die Technologie so effizient ist, dass wir sie besser nützen können, sind unsere Probleme ein für alle Mal gelöst und …»

«Können wir mal über andere Themen sprechen?», entfuhr es ihr.

Sie war doch keines jener kuschenden Mäuschen geworden, die coole Frauensprüche auf den T-Shirts spazieren tragen und zuhause als Heimchen am Herd den Hausherrn bezirzen. Sie erschrak dennoch über ihren schroffen Tonfall. Spielverderberin, Nörglerin. Ihr Mann schaute sie an, die Gabel auf halbem Weg zum Mund. Ein Schnappschuss.

«Ich rede wie ein Buch. Gibt es denn Probleme? Hast du Sorgen?»

«Du fragst, als ob du ein halbes Jahr im australischen Busch gewesen wärst.»

Sie faltete die Serviette und winkte dem Kellner. Sie verspürte Hunger auf Süßes, vielleicht eine Mousse au Chocolat oder Eis mit Schokoladensauce. Toni strich über ihren Handrücken und nuschelte etwas von Stress und dass er doch alles für sie und die Mädchen tue.

«Bitte erzähl», sagte er und schaute sie aufmunternd an.

Also sprach sie – anfangs mit zäh kriechenden Worten – über Tochter Lena und ihre Zahnlücken, den ersten Zahnarztbesuch (bei dem Lena den Zahnarzt gebissen hatte), über ihre neue Freundin, die anscheinend zuhause geschlagen wird. Und dass Marie eine Klasse überspringen müsse, da sie permanent unterfordert war und aus Langeweile begonnen hatte, den Unterricht zu stören. Sie sprach davon, dass sie gern ein neues Sofa hätte und über den Yogakurs, den sie seit Kurzem besuchte. Sie bot eine Alltagsanekdote nach der anderen feil und kam sich vor, als würde sie ein umfangreiches Update ihres Ehemannes vornehmen. Er hörte zu und unterbrach sie nicht. Als testete er das neu erlernte Coaching-Modul, wofür er zehn Wochenenden in einem Institut für Erwachsenenbildung im Aargau verbracht hatte. Da versiegte ihr Erzählen und sie löffelte die Mousse, die ihr als zart schmelzender Trost über die Zunge glitt. Toni war still, schien jedoch nicht beleidigt. Sein Gesicht wirkte offen, aber sie konnte nichts darin lesen. Außer distanziertes Wohlwollen.

Sie unternahmen weiterhin Ausflüge, zur kargen Nordspitze Korsikas, in die Edelkastanienwälder rund um Corte im gebirgigen Mittelland. Sie kaufte Souvenirs für die Familie und Toni fand zügig zu seiner Form zurück.

Plauderte wie ein Radiosender über Gemeinderat, Energietechnologie und seine Erfolge beim Laufen. Er steuerte seinen ersten Halbmarathon in Wien an und träumte vom Marathon in New York. Seine Fragen drehten sich um Alltägliches, es schien, als ob auch ihm daran gelegen war, den Informationsspeicher zu füllen. Was sie ihm jedoch verschwieg, war das Angebot der Beratungsstelle, ihr Pensum auf etwa siebzig Prozent zu erhöhen. Das würde im Mindesten Tonis Marathonpläne empfindlich stören und einiges mehr nach sich ziehen. Später werde ich es ihm sagen, dachte sie, nicht in den Ferien. Die Sonne Korsikas bräunte ihre Haut. Wenn sie in den hellen Leinenkleidern abends durch Calvis Gassen spazierten, begegneten ihnen in den Schaufensterscheiben unzählige gut aussehende und glückliche Paare.

Am vorletzten Abend, sie hatten gegrillte Dorade gegessen und eine Flasche leichten Landwein getrunken, kamen sie wiederum an der romanischen Kirche vorbei. Toni wollte nicht hineingehen, da er seine «Aversion gegenüber der Institution Kirche» nicht überwinden konnte. Er küsste sie flüchtig und sagte, er würde in der Hotelbar auf sie warten. Sie blickte ihm nach, wie er zielstrebig die Straße entlangging, die Hände in den Taschen der Bermudas, sah seine hübschen Läuferbeine, das helle Hemd, das sich in der Abendbrise bauschte. Dann betrat sie die Kirche. Die Kühle alter Steinmauern empfing sie, sie legte ihr Tuch über die bloßen Schultern. Sanft schimmerten die Glasfenster im Abendlicht, der einzige Schmuck, außer einer Marienstatue und dem geschundenen Jesus am Kreuz, vorn über dem Altar. Der Raum war menschenleer und es duftete schwach nach Weihrauch und altem Holz. Sie tappte so leise wie möglich durch das Kirchenschiff. Es kam ihr vor, als verwöbe sie sich mit dem Raum und der verdichteten Luft darin, die Wände verschwanden in Undeutlichkeit. Sie setzte sich auf die vorderste Bank, die zu ihrem Schrecken heftig knarrte. Dann war alles still, sie hörte nur ihren Atem. Jesus blickte zur Seite, wandte ihr sein Ohr zu. Bist du glücklich?, hätte sie sich gewünscht zu hören. Zufrieden? Träumst du noch von der Zukunft oder glaubst du, alles sei schon geschehen und unwiderruflich vorgezeichnet? Sie betrachtete den geschundenen Leib. «Ich glaube nicht an diesen Zinnober», sagte sie zu dem Mann am Kreuz, «ich bin kein Mitglied in deinem Verein, schon lange nicht mehr. Monotone Gebete ohne Inbrunst sind nicht mein Ding.» Sie fühlte sich nackt, mit einer Haut wie Seidenpapier. Als die Glasfenster ihren Farbschimmer verloren, verließ sie die Kirche mit steifen Gliedern, plötzlich gealtert. Draußen benetzte sie das Gesicht mit dem Wasser aus einem Brunnentrog.

Toni saß tatsächlich in der Bar und las in einer Zeitung, die jemand liegen gelassen hatte. Als sie eintrat, blickte er auf und schaute ihr ins Gesicht. Sie vergaß ein verbergendes Lächeln, setzte sich und bestellte beim gelangweilten Barmann einen Martini.

«Geht's dir nicht gut?», fragte Toni und raschelte die Zeitung zusammen. «Hast du geweint?»

Sie habe in der Kirche an ihre Großmutter denken müssen, die kürzlich verstorben war.

«Nichts weiter, nur verspätete Trauerarbeit.»

Sie saßen noch ein Weilchen und verhandelten die Weltpolitik, die auch ohne sie geschehen war.

Frühmorgens verließen sie Calvi, um in Bastia die Fähre zu erreichen. Sie plauderten über die letzten Tage, schauten aus den Fenstern, über die Reling und sahen Genua aus dem Dunst auftauchen. Fuhren konzentriert über die Autobahn Richtung Mailand und dann nach Norden. Toni begann seine Agenda zu füllen, berichtete von Projekten und Konzepten, Kollegen, Kunden und Kameraden. Eloquent und interessant, sie hörte ihm gerne zu. Sein Lächeln, seine Gestik und sein gerader Rücken. Waren sie unter Leuten, klappte Toni sein einnehmendes Wesen auf wie die Lamellen einer Jalousie und fuhr seine Aufmerksamkeit wie Tentakelarme aus, um bei jedem einen angenehmen und nachhaltigen Eindruck zu hinterlassen.

Die ersten Staumeldungen erreichten sie hinter der Schweizer Grenze. Bereits nach Bellinzona begann der «stockende Kolonnenverkehr», wie der Radiosprecher ungerührt vermerkte. Toni vertrieb sich die Zeit mit Reden, sang ab und zu Refrains mit, diktierte Grüße an Lena und Marie, die sie per SMS verschickte. Die Schwüle machte sie träge. Ein Stück weiter vorn erkannte sie eine Tankstelle in der flirrenden Hitze. Sie steckte einen Geldschein in die Tasche der Shorts und sagte, sie wolle zur Tankstelle laufen und Getränke und Knabberwaren kaufen. Außerdem musste sie auf die Toilette. Toni solle sie weiter vorn wieder einsammeln. Er nickte und lächelte ihr durch die Frontscheibe zu. Im Shop war es angenehm kühl. Sie kaufte rasch ein und ging zur Toilette. Die Wagenkolonne stand noch immer beinahe still. Als sie zurück auf den Parkplatz lief, löste sich der Stau gerade auf und die Autos fuhren an der Tankstelle vorbei. Endlich, dachte sie erleichtert. Und sah dann den knallblauen Volvo Kombi vorbeirauschen und Toni darin, tief in Gedanken versunken. Sein Blick war geradeaus gerichtet. Fuhr einfach an ihr vorbei, als ob sie ein verdammter Hydrant wäre. Das Rufen blieb ihr im Hals stecken. Eine ganze Weile war sie sicher gewesen, er würde innerhalb weniger Minuten zur Tankstelle zurückkommen. Da stand sie nun im Straßenstaub, mit Flipflops, lediglich mit Shorts und Shirt bekleidet. In den Hosentaschen sieben Franken sechzig Wechselgeld, in der Hand eine Plastiktasche mit Cola und ihren Lieblingskeksen. Ihr Mobiltelefon lag im Auto. Weinen kam nicht in Frage – und hier stehen bleiben und hoffen ebenfalls nicht. Da sah sie Urs aus der Imbissstube kommen.

«Na, dann komm», sagte der Chauffeur nur, half ihr in den Laster und ließ den Motor an.

Urs denkt lange nach, als sie mit ihrer Geschichte bei ihm angelangt ist, mindestens drei endlose Kurven lang. Der Stau hat die Seite des Tals gewechselt und es wird kühl, der Abend bricht herein. Urs reicht ihr eine Patchworkdecke, denn sie beginnt zu frösteln.

«Mann, Mann», sagt er, «das ist so unerhört, dass es beinahe lustig ist.»

Und dann lachen sie beide lauthals und Elvis schwingt seine Hüften dazu.

«Dem musst du jetzt aber den Marsch blasen!»

Sie nickt. Oder prophylaktisch die Koffer packen und im Hausflur deponieren.

Rasch fällt die Dunkelheit ins enge Tal, weiter geht es Serpentine um Serpentine, bis sich endlich der San-Bernardino-Tunnel auftut und sie verschluckt. Die Lichter zeichnen Streifen auf die Seitenwände und es geht vorwärts. Nach dem Tunnel ist der Stau verschwunden, wie ein hässlicher Spuk. Es gefällt ihr, in der Führerkabine zu sitzen und auf die Straße hinunterzuschauen. Urs hantiert mit den Schalthebeln wie im Schlaf. Sie reicht ihm Kaffee und die Kekse von der Tankstelle. Sie mag Urs und stellt sich vor, wie sie mit ihm durch Europa brummt oder zu den baltischen Staaten. Sie mag sogar seinen gemütlichen Bauch und die wilden blonden Koteletten, die sein Gesicht umrahmen. Bald passieren sie Chur und erreichen Sargans. Ächzend fährt der Laster die Ausfahrt bei Trübbach hoch und weiter nach Balzers und dann nach Triesen, in ihr kleines Dorf neben der Rätikonkette. Sie weist Urs in die Straßen ein und der Lkw brummt und schnauft wie ein Ungeheuer um die rechtwinkligen Abzweigungen der Wohnsiedlung. Die Geräusche müssen massenhaft Nachbarn an die Fenster locken. Vor ihrem Haus steht der blaue Volvo und daneben Toni, das Telefon am Ohr. Sein Mund bleibt offen stehen, als er den Laster sieht. Er rührt sich auch nicht, als Urs sie vom Beifahrersitz heben will. Sie aber lässt sich nicht helfen, wirft die Flipflops auf den Gehsteig und klettert von dem Ungetüm, das noch warm von der Fahrt ist. Urs schreibt seine Adresse und Telefonnummer auf und sie umarmt ihn, wie man einen Bären umarmt. Er riecht nach Kunstleder und Apfelshampoo. Dann schwingt er sich auf seinen Sitz, winkt ihr zu und lässt den Motor grollen. Sie sieht den Lichtern des Lastwagens nach, bis sich in der nächsten Kurve eine Hecke ins Blickfeld schiebt. Toni noch immer reglos mit dem Telefon am Ohr – den Mund hat er mittlerweile geschlossen. Sie geht auf ihn zu, bleibt vor ihm stehen. Als sie die Hand hebt, um eine Haarsträhne aus der Stirn zu streichen, zuckt Toni zusammen.

Diesmal

Das Sonnenlicht schnitt scharfe Schatten aus den Gassen der Stadt. Vielleicht waren die Fassaden einmal farbig gewesen, an diesem Tag waren sie grau. An diesem und an allen anderen, an die sie sich erinnerte. Metallgeländer säumten die Abgänge zu den Souterrains, schmale Treppen, die in irgendwelche Mauselöcher führten, in denen mäuseähnliche Menschen wohnten. Eine gestauchte Stadt mit ausgetretenen Sandsteintreppen, die Haustüren mit schweren Metallbeschlägen und groben Riegeln, blecherne Vordächer, die Schutz boten. Es war das Licht, vor dem man sich schützen musste. Dennoch war es kalt, ihre Finger waren klamm. Es hätte Hitze herrschen müssen, doch der Asphalt strahlte nichts ab. Sie hatte einen dringenden Arzttermin und strebte durch die Gassen. Metallgeländer, Vorsprünge, Auf- und Abgänge, manchmal Kopfsteinpflaster. Vielleicht hatten die Passanten irgendwann einmal Kleider aus duftigen Stoffen mit griffiger Struktur oder feinen Mustern getragen, die sich im Wind gebauscht hätten. Es gab keinen Wind. Es gab nur das Tageslicht, das genauso gut von einer Flutlichtanlage stammen konnte. Ledermäntel, Brillen mit dunklen Gläsern und breiten Metallrahmen, die vor Sandstürmen schützten. In den Schattenrissen der Gasse bemerkte sie lungernde Gestalten. Ihre Blicke waren scharf und ritzten ihren Nacken wie

Rasierklingen. Sie trug, wie die anderen, bis zu den Knien reichende Stiefel mit schweren Absätzen, Metallschnallen glänzten im Licht. Lederkappen, die das Haar verbargen. Bei jedem Schritt schlugen die Schöße des Ledermantels hinter ihr zusammen, lautlos. Beim Arzt sollte sie die übliche Behandlung bekommen. Sie sei krank, hatte ihr der Arzt mitgeteilt. Sie spürte jedoch kein Unwohlsein. Seine Praxis lag neben dem Kasino, in der schmalen Gasse im Zentrum der Stadt, das den anderen Vierteln glich. Vielleicht war es ein und dasselbe Viertel, das sich mitdrehte, wie ein Hund, der sich selbst in den Schwanz beißt. Sie schritt zügig aus, stellte den Mantelkragen hoch, das Licht blendete. Es war unerträglich. Sie fasste das Metallgeländer und stieg die Treppe hinauf zur Eingangstür des Hauses. Es hätte ebenso gut das Kasino sein können. Der Arzt saß an einem Pult, das den Vorraum der Praxis wie eine Festung unterteilte. Als sie eintrat, hob er den Kopf und blickte sie durch dicke Brillengläser an. Sein Kittel war frisch gestärkt und so weiß wie sein kurz geschorenes Haar. Sie hatte sich sein Gesicht noch nie merken können. Vielleicht war es nicht einmal derselbe Arzt wie letztes Mal. Sie musste die Behandlung rasch hinter sich bringen und sich durch den Hinterhof in die nächste Gasse stehlen, die Häscher könnten draußen auf sie warten. In der Praxis standen Geräte aus Metall mit Schlauchgebilden und Gelenkarmen, undefinierbare Schränke mit Sichtfenstern. Der Arzt sprach nicht viel und wies ihr den Weg in eines seiner Behandlungszimmer, eine kaum hüftbreite Treppe führte auf eine Galerie. Nun bemerkte sie, dass der Boden der Praxis in kläglichem Grün gestrichen war, Leimfarbe auf Beton. Sie sollte sich auf einen Behandlungsstuhl setzen, ein metallenes Monstrum mit Drehmechanismen und Fußpedalen, gepolsterter Sitzfläche und Lederriemen an den Armlehnen. Panik explodierte in ihrem Bauch, als sie sich in den Stuhl setzte und die Spritze in der Hand des Arztes sah. Eine alte Spritze aus Glas und Metall – ein Relikt aus dem Krieg, wie so vieles in dieser Stadt. Sie war in die Falle gegangen, wie letztes Mal. Der Arzt hatte ihr auch beim letzten Mal diese grünliche Flüssigkeit in die Adern gejagt. Und dann waren sie gekommen, daran erinnerte sie sich in diesem Moment genau, es waren fünf Männer gewesen, in Ledermänteln und Stiefeln und dunklen Brillen. Einer hatte ihr ein Messer in den Leib gerammt. Sie war still und schmerzlos auf dem Behandlungsstuhl gestorben. Diesmal nicht, denkt sie, dieses Mal schlägt sie dem Arzt die Spritze aus der Hand, sie zerbricht auf dem engen Treppchen. Sie stößt den Mann zur Seite, rennt zur Tür und will sie aufdrücken, aber da ist Widerstand. Im Türschatten lauert ein Mann – einer der fünf Kerle, die ihr bereits in der Gasse aufgefallen sind. Sie schlägt ihm die Tür an den Kopf, er flucht. Sie hört das Messer am Holz der Tür kratzen. Sie ist schnell, es ist gut, dass sie die Spritze nicht bekommen hat, sie bewegt sich geschmeidig und forsch, rennt über die Treppen und schüttelt die Häscher ab, zieht das Messer aus der Scheide, die an ihrem Schenkel festgebunden ist, ihr Ledermantel flattert. Es geht so rasch, dass sie nicht mehr weiß, ob sie einen der Häscher tatsächlich niedergestochen hat, als sie aus der Gasse flieht und in eine nächste einbiegt. Sie hat das Gefühl, als säßen unzählige Rasierklingenblicke in ihrem Nacken. Und diesmal – dieses Mal – erreicht sie nach einem verrückten Lauf nun wirklich das Ende der Gasse und eine Ufermauer und sieht, dass die Stadt an einem See liegt. Endlich erkennt sie, dass dort, wo die Ufermauer in den See übergeht und langsam ins Gewässer absteigt, bis lediglich das Geländer aus den Wellen ragt, dass dort der Weg aus der Stadt hinausführt. Wo sich Gestalten, bis zur Brust im Wasser watend, unter dem Geländer durchwinden. Und frei sind. Dorthin strebt sie nun, auch wenn dort nichts ist, abgesehen von dem rostigen Metallgeländer im See und dem fernen Dunst, der den Horizont in monotones Grau verwischt. Vielleicht ist sie bereits einmal an diesem Ufer angelangt, vor langer Zeit, aber diesmal würde sie es bis zum Ende der Ufermauer schaffen. Ihr Mantel knattert wie eine Fahne, sie riecht das Seewasser, das gurgelnd an die Steine schlägt. Die weiße Scheibe der Sonne gleitet durch Gazeschleier. Die Mauer wächst stetig, sie rennt mit rudernden Armen, ist erschöpft, das Licht blendet. Wie schwach sie sich fühlt, wie der Schweiß über ihren Hals rinnt. Es müssten nur mehr wenige Meter bis zum Ende des Geländers sein. Sie bleibt kurz stehen, um Atem zu holen, reibt sich über die Augen. Es ist das Licht, vor dem man sich schützen muss. Sie hat einen dringenden Arzttermin und strebt durch die Gassen, die einander gleichen. Vielleicht ist es ein und dieselbe Gasse, die ein wenig verändert scheint, je nach Blickrichtung. Bei jedem Schritt schlagen die Schöße ihres Ledermantels hinter ihr zusammen. Ein Geruch nach Tang begleitet ihren Lauf, der sich nach der nächsten Biegung auflöst.

Banal Grande

Wo sonst sollte ein vom Scheitern heimgesuchter Autor seine Unzulänglichkeiten besser vor Augen geführt bekommen als bei einer Fahrt mit dem Vaporetto auf dem Canal Grande? Wo wäre ein Tod passender als im Schatten eines zerfallenden Palazzos? Die Irrgänge im Labyrinth der Stadt widerspiegelten das Chaos in ihm auf perfide Weise. Er war nach Venedig gereist, um ausgiebig zu leiden. Dass ihm auf der Piazza San Marco ausgerechnet jene Person über den Weg laufen würde, die ihm seit 214 Tagen geflissentlich aus dem Weg ging, hätte er sich in seinen wildesten Romanplots nicht ausmalen können. Just in dem Moment, als er diese Schulterpartie erkannte, traf seinen Hemdkragen das, was Tauben im Flug von sich geben.

«Deine Einfühlsamkeit endet genau bei deiner Nasenspitze», waren damals Julias Worte, als sie vor seinen Augen Kleidungsstücke in eine Reisetasche warf und dann die Wohnung verließ. Die Hälfte des Hausrats holten ihre Freunde ab und trugen eins ums andere aus dem gemeinsamen Leben hinaus. Natürlich versuchte er, sie zurückzugewinnen: blutrote Rosen, eigens für sie verfasste Lyrik, eine Widmung in einem Buch, das dann doch nicht veröffentlicht wurde. Als sie nicht darauf reagierte, schnappte er die Fotoalben und riss jedes Foto, auf dem sie gemeinsam abgebildet waren, in Fetzen, packte alles in eine Schachtel und schickte sie ihr nach. Seither war sein Schreiben versiegt. Das Schmerzlichste daran aber war, dass niemand seine Texte vermisste.

Julia bezeichnete seine Werke als «eitles Geschwätz eines emotionalen Autisten». Natürlich war ihr das im Streit herausgerutscht. Abgesehen davon hatte Julia von Literatur keine Ahnung. Harry, sein erster Verleger, schwärmte damals von «geistreichen und detailgetreuen Schilderungen eines glasklaren Analysten». Leider verkaufte sich sein Erstling wider Erwarten nur spärlich. Die Kritiker zerfetzten ihn und waren mit ihren Aussagen jenen Julias ziemlich nahe gekommen. Woraufhin Harry immer mehr auf Distanz ging und sich schließlich am Telefon verleugnen ließ. «Herr Roberts ist leider außer Haus.» Dieser elitäre, feige Armleuchter.

Sein Zug fuhr um 7.14 Uhr über die Ponte della Libertà, die das Festland mit Venedig verbindet. Er hatte eine schreckliche Nacht im Liegewagen verbracht. Dutzende Male weckte ihn das Quietschen der Bremsen. In engen Kurven stieß sein Kopf an die Wand oder er rollte beinahe von der Liege. Über ihm lag eine nervös schnarchende Frau, der junge Mann gegenüber redete im Schlaf. Zerknittert und mit einem schwefligen Geschmack im Mund sah er vor dem Zugfenster das Brückengeländer vorüberflittern.

Wer ist nicht vom Morgenlicht über der Lagune begeistert! Geht man mit wackligen Schritten über die

Treppe auf den Platz hinaus, liegt San Simeone Piccolo in hellrotem Schimmer. Die Wellen des Canal Grande schlagen an die Molen. Frühmorgens ist das Geräusch deutlich zu hören. Boote wie Bohnenschoten transportierten Stapel von Wasserflaschen oder Gemüsekisten in die Stadt. Noch waren die Venezianer unterwegs, auf dem Weg zur Arbeit, beim Ausführen der Hunde oder Wischen der Straßen. Als er auf dem Bahnhofsplatz seine erste Zigarette rauchte, drehte sich die gerade erwachte Welt nur um diesen einen Ort. Da er müde war und Kaffeedurst verspürte, machte er sich auf den Weg ins Hotel. Venedig wird mich mit Inspiration beschenken, dachte er damals in diesem Licht, das alles in ein Gemälde Tizians verwandelte. Sein neuer Roman würde es den Harrys dieser Welt schon zeigen.

Das «Arcadia», sein Hotel, lag zehn Gehminuten vom Bahnhofsplatz entfernt. Es war ein bescheidener Palazzo, der sich am Rio Terà San Leonardo befand. Dort dünnten sich die Touristenbrigaden aus, sodass er tagsüber, ohne angerempelt zu werden, größere Wegstücke geradeaus gehen konnte. Sein Zimmer lag im ersten Stock, mit Blick in die Gasse. Das Hotel zehrte von besseren Tagen. Nirgends ein rechter Winkel, Türen und Wände unzählige Male überstrichen. An der hallenhohen Decke vor dem Frühstücksraum hing ein riesiger, verstaubter Kristalllüster.

Sein angenehmster Zeitvertreib war das Befahren der Kanäle. Zu jeder Tages- oder Nachtzeit begab er sich auf die wankenden Plattformen, um über die Wasserwege zu tuckern. Er setzte sich ins offene Heck und betrachtete die Fassaden, die aus den Wassern emporwuchsen. Manche Routen befuhr er bis zu zehnmal und entdeckte jedes Mal Neues. Die ausgetretene Sandsteinstufe einer Anlegestelle, das Moos in der Mauerritze eines bröckelnden Palazzos, die Taube mit dem Krüppelfuß auf einem Pfahl. Er schaffte es zu ein paar Notizen in das «Moleskine». («Ein Moleskine macht noch keinen Chatwin», hatte Julia irgendwann einmal bemerkt. Nicht witzig, sondern schnippisch, wie ihm erst jetzt bewusst wurde.) Im Hotelzimmer lag stumm und stromlos der Laptop und wartete auf den Roman, den er in Venedig beginnen wollte. Aber mehr als den Arbeitstitel hatte er bisher nicht zustande gebracht.

Der Gedanke an eine *gute* Tasse Cappuccino trieb ihn am dritten Morgen aus dem Frühstücksraum auf die Straßen hinaus. Ein milchiger Himmel hing über den Dächern. Die Häuser kamen ihm wie die Kulissen eines absonderlichen Stücks vor. Er ging zum Bahnhofsplatz und spazierte dann über die Ponte degli Scalzi nach Santa Croce hinein. Obwohl er versuchte, dem Stadtplan zu folgen, verirrte er sich nach wenigen Minuten. Stolperte über Brücken und unter Arkaden durch, geriet in schimmlige, dunkle Durchgänge und gelangte dann zum Campo Giacomo dall'Orio, auf einen hellen Platz mit einer Kirche mit marodem Verputz und teils freigelegten Backsteinmauern. In einem Café bestellte er Cappuccino und beobachtete die Venezianer und ihre Hunde. Ein beeindruckend großer Bernhardiner verrichtete ein ebenso beeindruckendes Geschäft, das Frauchen in mitgebrachtes Zeitungspapier packte. Ein Hündchen wie ein Tuschestrich hinterließ ein winziges Häufchen. So war das. Man plaudert mit der Nachbarin und kümmert sich um Exkremente. Der Kellner stellte ein Tellerchen mit einem Zaetto neben das Wechselgeld und grinste. Die freundliche und überraschende Geste rührte ihn. Er aß das Gebäck mit kleinen Bissen und spürte die Sonne auf dem Scheitel.

Später folgte er den Wegweisern zur Piazza San Marco. Kaum fing eine Hausfassade seinen Blick ein, kamen ihm Satzfetzen aus Thomas Manns oder Joseph Brodskys Werken in den Sinn – eine Teufelei. Eingetaucht in «Ufer der Verlorenen» traf ihn die Piazza wie ein Paukenschlag. Der Campanile sah aus wie ein überdimensioniertes, aber mächtiges Streichholz, am Boden wuselten hunderte von Tauben. Hier erst recht kam er sich wie auf einer Bühne vor, Venedig war ein einziges Theater. Er leistete sich einen Espresso zum Preis eines Mittagessens und fühlte sich wie ein Pflasterstein, als er sein Moleskine aufschlug und versuchte, seinen Eindrücken eine schriftliche Unvergänglichkeit zu geben. Aber es fiel ihm nur auf, dass Taubenkot ein gesprenkeltes Muster auf den Steinplatten gebildet und dass eine beträchtliche Anzahl der Tauben verkrüppelte Füße hatte. Worauf er ein Erdbeereis kaufte, um sich von diesen Beobachtungen abzulenken. Dann bestieg er ein Vaporetto, sprang beim Campo San Marcuola auf die Plattform und ging zum Hotel, wo er sich halb entkleidet aufs Bett legte und mit den Hunden von San Giacomo dall'Orio einnickte.

Ihr Rücken, ihr Hintern, ihre weiße Haut. Er sah sie deutlich vor den Falten des Vorhangs, wie sie sich über ihn beugte und ihr kastanienfarbenes Haar auf sein Gesicht fiel. Sie raunte seinen Namen … Lachen und Grölen, Gläserklirren, Parlieren wogte zum Fenster herein und riss sie von ihm fort, er sah ihre Gestalt in den Falten des Vorhangs und dem schmalen Lichtstreifen verschwinden – nicht, nicht jetzt. Er zog das Leintuch übers Gesicht und versuchte, sie nochmals zu erhaschen. Nahm dann blinzelnd das karge Zimmer wahr. Das dünne Licht. Menschengeräusche brandeten durchs Fenster. Ein Duft nach Käse und gebratenem Fleisch hing in der Gasse. Sein Magen knurrte. Er saß eine ganze Weile auf der Bettkante und versuchte, die Enge in seinem Hals loszuwerden.

Im Ristorante neben dem Hoteleingang bestellte er später das Menu turistico, dazu einen halben Liter Barolo. Was ihn den folgenden Vormittag mit Kopfschmerzen im Bett verbringen ließ, während sich draußen die Lautstärke des Menschengemurmels mit jeder Stunde steigerte. Nachmittags, als er wieder auf der Piazza San Marco stand und über das Leben und den Taubendreck sinnierte, sah er *sie* dort stehen. Auf der Piazzetta vor einem blaugrauen Meer mit dem Kuppelgebäude im Hintergrund. Und sie war nicht allein. Hing am Arm eines Mannes vom Typ Naturbursche. Weder Klasse, Eleganz noch Stil. Der Anblick war ein Hieb in den Magen, trotzdem konnte er nichts anderes denken, als dass Julia den Riesenfehler gemacht hatte, ihn zu verlassen.

Erst wollte er zu den beiden hinspazieren und sie mit einer locker hingeworfenen Bemerkung aus der Fassung bringen. Stattdessen hastete er zu einem fliegenden Händler mit Touristenkram, kaufte eine Sonnenbrille und eine

Baseballmütze mit der Aufschrift «Venezia» und versteckte sich derart getarnt hinter einer Säule. Julia zeigte auf den Dogenpalast, während ihr Begleiter mit seiner Hand über ihre Seite strich. Zu seinem Neidwesen musste er sich eingestehen, dass dieser Mann es mit der Zärtlichkeit eines Liebenden tat. Julia erwiderte die Berührung und fasste dessen Hand. Dann schlenderten sie in Richtung Ponte dei Sospiri. *Ponte dei Sospiri* – war nicht allein dieser Name ein wunderbarer Seufzer? Er ging ihnen nach, immer auf der Hut, nicht entdeckt zu werden. Aber Julia und ihr neuer Freund ergaben sich ins Staunen über die Inselstadt und in ihre Zuneigung. Es war zum Kotzen.

Er folgte ihnen den ganzen Tag durch Gassen, über Plätze und Brücken. Venedig verschwamm zu einem Teppich aus Fenstern, Balkonen und Blumentöpfen. Er fraß sich an den beiden Gestalten fest, suchte bei Julia die Blicke und Gesten, die er kannte. Aber er sah eine andere – frische und beschwingte – Frau. Sie hatte leichte Rundungen bekommen. Obwohl er sich große Mühe gab, sie deswegen unattraktiv zu finden, gelang es ihm nicht. Ihr Teint schimmerte bronzefarben, ihre Blässe war bloße Erinnerung. Der Kerl sah in der lapidaren Jeans und dem hellen Pullover gut aus. Es war widerlich. Wie sie sich ohne viele Worte glänzend verstanden. Wie ihre Gesten und Mienen Sprache geworden waren. Gegen Abend tat ihm der Unterkiefer weh, weil er pausenlos die Zähne zusammengebissen hatte. Als es dunkel wurde, folgte er ihnen zu ihrem Hotel. Durch die Fenster beobachtete er ihr Verschwinden im Raumdunkel. Bestechung war nicht so schwierig. Dem Herrn an der Rezeption machte er glaubhaft, dass Julia, das Luder, ihn, den Ehemann, schändlich betrog. Der Rezeptionist ließ sich von seiner schriftstellerischen Phantasie beeindrucken, war voll Mitgefühl für den «Cornuto» und verriet ihm die übliche Frühstückszeit des Paars. Zwanzig Euro kostete ihn das. Dann hatte er genug. Sie auch noch bei Pasta und Geturtel zu beobachten, hätten seine Nerven nicht mehr mitgemacht. Außerdem schmerzten seine Füße, er hatte bestialischen Hunger, denn die Beschattung hatte keine Pause zugelassen. Er bestieg bei Salute das Vaporetto. Es durchpflügte die Spiegelungen der erleuchteten Fenster, hinter dem Heck rauschten die Wellenkämme, in die er bis zur Anlegestelle starrte.

Ganz Venedig war mit Botero-Skulpturen bestückt, die ihm Dellen ins Auge drückten. Es kam ihm vor, als schöben sie mit ihrer stoischen Masse die Lagunenstadt ins Meer zurück und wollten jahrhundertealtes Gemäuer mit ihrer plumpen Wucht versenken. Er hatte das Gefühl, ein Botero-Panzer läge um seine Brust, als er, bereits ein Gast mit Wiedererkennungswert, im Ristorante neben dem «Arcadia» einkehrte. Er aß Spaghetti neri mit Tintenfischsauce und zwei Portionen Tiramisu. Danach leerte er in der Bar eine halbe Flasche Grappa. In seinem berauschten Zustand zog er den Barista mit Erzählungen über sein Schriftstellerdasein in Bann. Kaum war er in seinem Zimmer angelangt, musste er sich im Gabinetto übergeben.

Als das Raunen der Nachtmenschen nachließ, packte er sein Moleskine aus, um über das Wiedersehen mit Julia ein paar wohlgeformte Sätze zu notieren. Schließlich füllte er drei Seiten mit Schimpfworten. Dann taumelte er wie von einem Schlagstock traktiert ins Bett. Um Mitternacht schreckte er hoch. Julia hatte ihn mit einer lässigen Geste in einen Abwasserkanal gestoßen. Er stellte den Wecker auf halb sieben und versuchte, wieder einzuschlafen. Statt des Schlafs kam Botero. Er dachte an den Artikel, den er kürzlich über ihn gelesen hatte. Mit welcher Arroganz er seine klumpfüßigen, fetten Menschen als Bindeglied betrachtete. Wo Erdendasein in übernatürliches Schöpfertum überging. Den Rest der Nacht stierten ihn die Figuren mit leeren Augen an. Auf der Straße war Stille, der Geruch von Seetang lag in der Luft. Kurz vor der Morgendämmerung schlief er ein.

Sein Leiden, das in seiner Vorstellung zu etwas Heroischem hätte werden sollen, geriet mehr und mehr zur Kläglichkeit. Nichts mehr war übrig von dem verkannten Künstler, der in einer Blase des Unverstandenseins an der Welt verzweifelt und daraus einen Gedankenschatz entlässt. Da kam nichts, und jeder verdammte Hund würde weiterhin da hinpinkeln, wo es ihm gefällt.

Was sich am nächsten Morgen in seinem Kopf abspielte, glich einem von Venedigs Abwässerkanälen. Kurz vor acht schleppte er sich von der Bootsanlegestelle zum Hotel hinter der Accademia, um Julia und ihrem Kerl aufzulauern. Tatsächlich kamen sie im ersten Morgenlicht vor die Tür und schlugen die Richtung nach San Marco ein. Sie betraten eine Unzahl an Geschäften mit Papierwaren, Pasta oder Lampen aus Muranoglas. Gegen Mittag schlug ihn eine Erkenntnis nieder: Julia war *schwanger*! Es hatte mit einer Geste des Kerls zu tun, wie seine Hand über ihren noch flachen Bauch gewandert war. Zudem drohte Botero an beinahe jeder Ecke mit einer fetten Frau oder einem wuchtigen Kerl mit kleinem Gemächt. Nach zwei weiteren Stunden war ihm das Verfolgen über. Das Glück der beiden schien sich einfach nicht trüben zu wollen. Im Gegenteil, je wärmer das Licht über der Stadt wurde, desto mehr glühte ihre Verbundenheit. Ihm wurde übel. Er brach die Überwachung ab und schlich wie eine herrenlose Töle zum Campo Santo Stefano. Die Schatten waren scharfkantig und schwarz, beim Gehen besah er die Pflastersteine und stolperte schließlich auf einen kleinen Platz. Eine Menschentraube hatte sich um einen Puppenspieler geschart, der einen pianospielenden Clown Unfug treiben ließ. Als er vorüberging, hörte er die Zuschauer kichern. Zu seinem Ärger hatte der Marionettenspieler seinen Gang imitiert. Erschöpft sank er zu Füßen einer Botero-Leda nieder. Tauben kamen herangetrippelt und beäugten ihn. Ihre orangeroten Augenringel waren wie Nadelstiche des Teufels. Seine Kehle fühlte sich staubtrocken an. Er saß da und starrte auf die Füße der Passanten. Sandalen, Turnschuhe, Pumps, Sandalen, Turnschuhe, Pumps. Als er sich erheben wollte, drehte sich ganz Venedig um ihn. Er dachte an den Kameramann, der, von einer Gewehrkugel getroffen, seinen eigenen Sturz gefilmt hatte. Dann tauchte er in die Schwärze eines Tunnels ein.

Als er wieder zu sich kam, lag er auf dem Sofa im Entree eines Hotels. Ein besorgtes Gesicht beugte sich über ihn, zwei fremde Finger ruhten an seinem Handgelenk. In holprigem Deutsch hörte er den Dottore «Kollaps des

Kreislaufs» sagen. Er bat um Wasser und trank zwei Gläser leer. Der Dottore begleitete ihn später zum Hotel und verabschiedete sich mit freundlichen Worten. Die Geldscheine, die er ihm anbot, lehnte der Arzt ab. Es sei selbstverständlich, einem Mann in Not zu helfen. Er blickte dem Arzt nach, der durch die Passanten steuerte und in einer Gasse verschwand. Ein Mann in Not. Er. Im Ristorante neben dem Arcadia nahm er einen Espresso an der Bar und scherzte mit dem Barista, der ihn mit «Signore Scrittore» ansprach. «Compagno» reiche vollends aus, antwortete er.

Am nächsten Tag, auf dem Weg zum Bahnhof – er hatte den Aufenthalt vorzeitig abgebrochen –, stand er eine Weile unschlüssig an einer Mole und überlegte, ob er den Laptop samt Moleskine einfach in den Kanal fallen lassen sollte. Aber vielleicht ließe sich ja aus den Schimpfworten etwas entwickeln. Als er gegen Mittag aus dem Zugfenster blickte, verflüchtigte sich sein Roman – wie die Lagunenstadt. Nur der Campanile ragte eine Weile aus den blauen Streifen, zuerst wie ein gereckter Finger, dann wie ein Streichholz. Und bevor auch er sich in der Ferne verlor, glich er einem zufällig hingewischten Rötelstrich.

Der Schierling

Neuerdings pflegte auf dem Nachbargrundstück ein elektronischer Käfer die Hälmchen zu stutzen. Stundenlang sah Emilia ihn über das Grün wandern. Ein augenloses Ding, das sich auf geheimnisvollen Pfaden bewegte, ein lackschwarzer Geist mit scharfen Sicheln. Abrasierte Grünflächen waren ihr zeitlebens zuwider gewesen. Sie band die Schürze um und schlüpfte in die Clogs. Als sie Schere, Setzholz und Hacke in den Korb packte, hörte sie ihn rufen.

«Du gehst in den Garten?», fragte Lorenz, der Geschirr in die Spülmaschine räumte.

«Das Übliche: jäten», antwortete sie und setzte ihre Baseballmütze auf, «kaum dreht man dem Garten den Rücken zu, wächst über Nacht ein Urwald.»

«Nimm eine Machete», lachte er, «oder pflanze englischen Rasen an. Mähen und fertig. Der Garten frisst so viel Zeit.»

Sie sagte nichts und ging hinaus. Nicht, dass sie es bereut hätte, all die Jahre. Aber eine Menge Zeit hatte auch er ihr weggefressen, und das nicht unbedingt schweigsam. Ein heller Samstag empfing sie mit behaglicher Wärme, nicht diese ozongeschwängerte Schwüle, die einen in den Schatten trieb. Die Bergkette lag im Dunst und ein paar Rasenmäher setzten akustische Landmarken. Auch der schwarze Käfer war tätig. Ihr Garten lag direkt an der Straße, Spaziergänger und Nachbarn passierten den Zaun, man grüßte einander.

«Schon wieder fleißig?», hörte sie eine Stimme.

Es war Max mit seinem Hund Tibor, ein schottischer Terrier, der stur im ersten Gang vor sich hintrottete und mit seinen Zotteln den Gehsteig fegte. Max blieb am Gartenzaun stehen, Tibor nicht. Max blieb immer am Gartenzaun stehen, um ein wenig zu plaudern. Sie hatte ihn noch nie griesgrämig erlebt. Schöner Tag, schönes Wetter, wie die Zeit vergeht, Amen. Ja, sagte sie, ja, genau. Lächelte und nahm die Hacke in die Hand.

Grün ist nicht grün, dachte sie und betrachtete die Pflanzen, die sie wohlkomponiert gesetzt hatte. Der Salbei in seiner violetten Blüte, butterig glänzend das Basilikum, wie dichtes Barthaar der Thymian, der sich zwischen den Grashalmen ausbreitete und eine prägnante Duftspur hinterließ. Die Margeriten trieben in die Höhe und Rosenknospen saßen auf den Stängeln, bereit, in Purpur zu entflammen. Sie stach, so gut es eben ging, die Löwenzahnsterne aus, Jungspunde, die stets von Neuem explodierten. Die gemächliche Fetthenne, der filigrane Dill, das Lobelienblau, das leuchtete wie ein Gebet. Sie hegte ihr Sorgenkind, den Buchsbaum, der im letzten Jahr knapp die Invasion der Zünsler überlebt hatte, eine Raupenarmada aus China, die innerhalb einer Woche das satte Grün zum welken Braun hatte werden lassen. Sie dachte mit Ekel an die unzähligen, sich seltsam ringelnden Raupen. Emilia gönnte sich eine Pause und sah Max von seiner Runde zurückkommen, Tibor folgte zwanzig

Schritte hinter ihm, schon von Weitem leuchtete seine Zunge.

«Ich mag deinen Garten», sagte Max und hielt vor dem Zaun inne, «er ist so harmonisch.»

«Harmonie ist viel Arbeit», sagte sie, «die hier habe ich wenigstens im Griff.»

Max hob die Hand an die Schiebermütze und ging weiter. Tibor trottete am Zaun vorbei. Sie konnte sich nicht beherrschen und warf eine Löwenzahnblüte auf seinen Rücken. Der Hund zeigte keine Reaktion und setzte seinen Weg beharrlich fort. Ein kleiner Bruder im Geiste, dachte sie und grinste, sanftmütige Sturheit ist eine seltene Gabe. Sie bearbeitete den Rosenbusch. Totholz muss entfernt werden, an falschen Stellen ausbrechende Triebe fallen der Schere zum Opfer. Auch wenn es Schmerzen bereitet, fördert es doch den Wuchs der Blüten. Sie stehe öfters versonnen zwischen den Pflanzen, hatte Lorenz mehrmals bemerkt, als ob sie viel zu denken habe. Weniger, als er glaube, hatte sie immer geantwortet. Er hatte über ihre Antwort gelacht wie über einen Witz. Mit einem Korb voller Unkraut beschloss sie den Samstag und schrubbte später die Flecken der Löwenzahnmilch von den Händen.

Im Sommer waren die Regentage zwar erholsam, ließen das Unkraut jedoch exponentiell wachsen. Emilia freute sich auf die Samstage und betrat nun mit größeren Werkzeugen den Garten. Der Käfer auf der Nachbarwiese zog seine Endlosschleifen. Und wie sie so im geordneten Konzert der Farben, Strukturen und Düfte zwischen den Blattmustern wandelte, um ihre Komposition zu verfeinern, entdeckte sie es zwischen Mädchenauge und Stockrose: gefiedertes Dunkelgrün. Ein Wulst aus Blättern, ein ungehöriges Nest an Frechheit – völlig fehl am Platz. Beinahe beängstigend, die in ihm schlummernde Größe. Emilia starrte diese seltsame Wucherung an und fragte sich, wie ihr die klammheimliche Ausbreitung hatte entgehen können. Sie wog die Hacke in der Hand, betrachtete die spitzen Metallklauen. Ein Plage, die entweder den Garten überwuchert oder eine Wurzel ins Erdreich treibt, die kaum auszumerzen ist. Vielleicht eines dieser Überseegewächse, die sich invasiv über die Landschaft hermachen und bei Berührung brennende Blasen hervorrufen.

«Sie sieht unheimlich aus, hast du so eine schon mal gesehen?», fragte sie Lorenz, der mit einem Buch in der Hand nach draußen gekommen war, und deutete mit dem Hackenstiel auf das Kraut.

«Essbar ist es wohl nicht. Reiß es aus», sagte er, «eine Augenweide sieht anders aus.»

«Ich pflücke dir lieber etwas Salbei und Rosmarin.»

«Du hast Hunger», sagte er.

Sie drückte ihm ein Kräuterbüschel in die Hand. Später hörte sie ihn in der Küche hantieren. Sie mochte es, wenn Lorenz kochte, denn er tat es mit derselben Leidenschaft wie sie das Gärtnern.

Sie könnte es auf der Stelle aushacken und auf den Komposthaufen werfen. Als wäre es nie da gewesen. Wartete man zu lange, setzte es sich fest. Doch weil es so selbstvergessen aus dem Boden quoll und Emilia neugierig geworden war, ließ sie es vorerst leben und beschloss, diese Pflanze genau zu beobachten. Und saß eine ganze Weile mit dem Pflanzenbestimmungsbuch auf der Bank, konnte sich aber für keinen der Vorschläge entscheiden.

«Wahrscheinlich ein Schierling», sagte eine Woche später ihre Freundin Cleo, die im übernächsten Haus wohnte und beim Anblick der Pflanze die Nase rümpfte, «für einen Bärenklau ist es zu klein. Es sieht so … gefräßig aus. Heraushacken würde ich es. Man kann nie wissen. Ein abscheuliches Gewächs.»

Das grüne Ding – sie blieb vorerst beim Schierling – war weiter gewuchert und hatte behaarte Stängel ausgetrieben, an deren Enden undefinierbare Haufen an Knospenwaben hockten. Ein Geschwür, ein amorphes Unheil. Eine Pflanze, gegen die nicht einmal die Philosophen ankamen. In ihrem Garten. Eine der giftigsten einheimischen Pflanzenarten, die aufs Nervensystem gehen. Brechreiz, Verlust des Sprech- und Schluckvermögens, Muskelkrämpfe, Atemlähmung und Tod. Lorenz kam vom Einkaufen zurück und wuchtete zwei Papiertüten vom Rücksitz. Er klemmte wieder einmal den Sicherheitsgurt beim Zuschlagen der Autotür ein. Er ist und bleibt ein Schussel, dachte sie.

«Du hast mein Bier aber nicht vergessen, oder?», rief sie.

Lorenz schlenkerte eine der Einkaufstaschen. Es klirrte verheißungsvoll.

Sie hatte immer schon eine Vorliebe für Pflanzen mit besonderen Substanzen gehegt. Deshalb wuchsen auch eine Tollkirsche in der Südecke des Gartens und gleich daneben ein Fingerhut. Gern erinnerte sie sich an die Zeit in Zürich, als sie auf dem Balkon der Dachwohnung zwei

Töpfe mit Hanfpflanzen gepflegt hatte, die in der prallen Sonne eine hohe Konzentration an THC angereichert hatten. Ihre Mitbewohner hatten davon gar nicht genug degustieren können. Ein Schierling. Oder was auch immer. Man konnte nie wissen. Sie betrachtete es eine Weile und hatte nicht bemerkt, dass Lorenz nach draußen gekommen war und nun mit einer Tasse Tee und einem neuen Buch auf der Bank saß. Wie konnte ein Mensch nur so viele Bücher lesen.

«Man könnte eifersüchtig werden», sagte er, «wie du dich um dieses Kraut bemühst.»

«Du hättest mir ein Bier mitbringen können», sagte Emilia.

Sofort stand Lorenz auf und ging ins Haus. Mit einer Bierflasche kam er zurück und reichte sie ihr über den Zaun.

«Irgendwann kann ich Gedanken lesen», sagte er. «Ich finde, du solltest es ausstechen, es ist nicht nur hässlich, es jagt mir einen Schauer über den Rücken. Die Blätter sehen wie Klauen aus.»

«Morgen», sagte sie, «morgen ist immer noch Zeit dazu.»

In der Tat störte dieses garstige Ding ihre Komposition. So ein Schierling konnte gut und gern zwei Meter hoch werden. Er würde ihren Garten dominieren und alles durcheinanderbringen. Morgen, dachte Emilia, geht es dir an den Kragen, ich werde dich ausreißen mit Stumpf und Stiel. Oder übermorgen. Cleo kam des Wegs und zog die Augenbrauen hoch.

«Dass du dieses ekelhafte Gewächs nicht ausreißt, das

ist fahrlässig – wenn ein Kind davon isst», sagte sie, «so ein Giftding muss einfach weg.»

«Er tut niemandem etwas und Kinder haben in meinem Garten nichts verloren», sagte Emilia.

«Abgesehen davon: Deine anderen Mörderpflanzen kannst du bei dieser Gelegenheit gleich mit ausreißen», raunzte es über den Zaun, was sie etwas aus der Ruhe brachte.

«Das lass nur meine Sorge sein», sagte Emilia, «das geht dich nichts an.»

Am nächsten Tag hatte Emilia ihre Ruhe wiedergefunden und verschob das Ausmerzen. In ihrem Garten bot sie Asyl, wem sie wollte. Auch wenn sie die amorphen Knospenballungen und das morbide Dunkelgrün mit Unbehagen betrachtete. Die Abendsonne lockte sie auf die Bank vor dem Haus, wo sie das Lichtspiel auf den Blätterstrukturen betrachtete. Max schlurfte vorbei und warf zuerst wie gewohnt ein paar freundliche Worte in den Garten, gefolgt von einigen Bemerkungen zur Tagespolitik. Tibor hechelte und blieb dieses Mal bei Herrchen stehen. Max' Blick fiel auf den Schierling. Er schien dabei zu erbleichen.

«Ich verstehe nicht, dass du dieses grässliche Gewucher nicht niedermähst. Man muss auch an die Nachbargärten denken. Wo kommen wir denn da hin, wenn man jedes dahergelaufene Unkraut wachsen lässt! Das muss man unterbinden, dieses zügellose Vermehren, sonst gehen die einheimischen Pflanzen zugrunde. Am Ende ist es wie mit diesem Indischen Springkraut, das in kurzer Zeit ganze Landstriche überwuchert. Die Kapseln brechen bei der kleinsten Berührung auf und schleudern die Samen heraus, man kann ihm kaum Herr werden», rief Max, der sich tatsächlich in Rage geredet hatte.

Emilia fragte sich bei diesen Worten, ob es den Schierling auch in Menschengestalt gab.

«Es ist aber kein Indisches Springkraut», sagte sie, «und auch keine Ambrosie. Was geht dich eigentlich mein Garten an?»

«Es ist ein schmaler Grat zwischen Vielfalt und Verwahrlosung», sagte Max und hob den Finger. «Es gibt Leute, die haben eine Sense im Schuppen.»

Grußlos ging er weiter, verfiel ins Traben. Tibor schickte sich an, das Bein an ihrer Gartentür zu heben.

«Mach, dass du weiterkommst, Töle!», rief sie und klatschte in die Hände. Der Terrier haspelte knurrend auf seinen Stummelbeinen davon.

Der schwarze Käfer war derweil an einem Stein gestrandet und versuchte stoisch, wieder auf den Rasen zu gelangen. Lorenz gesellte sich zu ihr.

«Vielleicht solltest du das Gewächs wirklich ausreißen. Was klammerst du dich denn so daran? Ist doch nur eine Pflanze», sagte er.

«Eben», sagte sie, «es ist nur eine Pflanze. Wie kann man sich deswegen so ereifern?»

«Zwist entzündet sich meist an den kleinen Dingen», sagte er.

«Und du könntest zu mir halten», sagte Emilia, «anstatt dich auf die Seite der anderen zu schlagen.»

«Aber ich bin doch auf deiner Seite», sagte Lorenz, «das war ich immer.»

«Ach was», sagte Emilia, «wenn es darum geht, Farbe zu bekennen, bevorzugst du dein Schattendasein und überlässt mir die Verantwortung.»

«Ach was», sagte Lorenz, «dir ist es nicht wohl, wenn du die Zügel nicht in der Hand hast.»

Dann erhob er sich und ging ins Haus. Die Dämmerung ließ den Schierling noch größer wirken. Es kam ihr vor, als hätte er sein Wurzelwerk bereits durch die ganze Erde getrieben. Die Komposition hatte disharmonische Klänge.

Emilia verbrachte die halbe Nacht in der dunklen Stube und beobachtete den Garten. Vielleicht sollte sie ein paar Bewegungsmelder mit Alarmton am Zaun installieren. Sie starrte den Umriss des Schierlings an, der ständig zu wachsen schien. Ihr war das Blühen der anderen Stauden entgangen, das Farbkonzert, die Mustervielfalt. Der Schierling verdrängte die Hingabe ans Hegen und Pflegen. Eine Nacht gebe ich dir noch Obdach und morgen entscheide ich, ob du ausgestochen wirst. Man setzt sich nicht so einfach in einem fremden Garten fest. Dies hier ist kein freies Land, wir haben Neophyten-Gesetze. Harmonieregeln. Da sah sie einen Schatten am Gartentor und hörte ein leises Quietschen. Etwas Metallisches glänzte kurz im Mondlicht auf. Emilia packte im Flur einen Regenschirm und rannte nach draußen. Tatsächlich stand Max mit einer Sense in ihrem Garten, fünf Schritte vom Schierling entfernt. Sie hob den Regenschirm wie einen Schlagstock in die Höhe.

«Raus aus meinem Garten!», grollte sie.

«Zuerst wird gemäht», sagte Max und schärfte das Sensenblatt.

Emilia holte mit dem Regenschirm aus und schlug damit gegen den hölzernen Sensenstiel. Max packte den Schirm, riss ihn aus ihrer Hand und warf ihn über den Zaun.

«Lorenz!», rief Emilia und versuchte, Max aus dem Garten zu zerren.

Im Haus polterte es über die Treppe und Lorenz stolperte heraus, in Pyjamahosen und mit wirrem Haar. In wenigen Sätzen war er im Garten und schnappte sich die Sense.

«Wir wollen uns doch nicht verletzen», sagte er, «es ist genug. Geh nach Hause. Das ist Emilias Garten, und wenn hier Zauberbohnen wachsen würden, kann dir das egal sein.»

«Diese Pflanze ist ein Alptraum, der alle Gärten der Nachbarschaft überwuchern wird. Seht ihr das denn nicht?», rief Max.

«Genug jetzt», zischte Lorenz und schob ihn auf die Straße.

Als Max mit der Sense über der Schulter um die Hausecke gebogen war, ging ihr Mann ohne ein Wort wieder ins Haus, stolperte kurz über die Türschwelle und verschwand im Dunkeln. Der Mond schien auf den Schierling. Emilias Puls raste. Sie holte eine Flasche Bier und ließ sich neben dem Gewächs auf dem Boden nieder. Ein Blatt streifte ihren Unterarm, pelzig und weich.

Am folgenden Nachmittag – Lorenz hatte sich im Arbeitszimmer in seinen Büchern vergraben und machte keine Anstalten zu kochen oder sich zu ihr zu gesellen – betrat sie den Garten. Das düstere Grün des Schierlings und seine Klauenblätter, die Knospenhaufen und behaarten Stängel ließen sie schaudern. Sie trat ihm entgegen und zeigte ihm die Hacke. Als Antwort wiegte sich das Gewächs im aufkommenden Wind und verbreitete ein eigentümliches Rascheln. Ein Flüstern und Ächzen. Gefährlich begann sich die Staude im stärker werdenden Wind zu neigen. Da ließ sie die Hacke fallen, ging in den Schuppen und holte Bambusstäbe und Kokosfaserschnur heraus. Band den Fremdling auf, sicherte Stängel und Knospen. Max ging zügigen Schritts auf der anderen Straßenseite vorbei, blickte in die entgegengesetzte Richtung. Tibor wedelte hinter ihm, unbeirrt wie eh und je. Auch Cleo war unterwegs und tuschelte eine ganze Weile mit Max, wobei sie dauernd in ihre Richtung schauten. Passanten spähten ungeniert in den Vorgarten, einige zeigten gar mit dem Finger auf den Schierling oder schüttelten den Kopf. Das ganze Dorf schien sich für ihre Monsterpflanze zu interessieren. Kaum einer ging vorüber, der nicht angewidert das Gesicht verzog oder eine spitze Bemerkung machte. Irgendwann kam Lorenz dann doch nach draußen und reichte ihr ein Sandwich.

«Aushacken ist also nicht die einzige Option», sagte er.

«Vielleicht braucht der Garten etwas Zügelloses», sagte Emilia.

Wider Erwarten hatte die Pflanze über Nacht Blüten ausgetrieben, zartrosa Kelche mit geringelten Staubblättern, zahllos die Knospen. Emilia stand vor der Staude und betrachtete gerührt deren Wandlung. Wie ein Scheibenwischer, der übers Glas fährt, klärte sich ihr Blick auf den Garten. Sie nahm ihre Komposition neu wahr, die Freude meldete sich zurück. Ein neuer Klang, der sich ins Konzert einfügte, als wäre er das lang Vermisste. Sie berührte einen Kelch und blickte hinein. Filigrane Linien durchzogen die Blütenblätter wie ein Kapillarnetz.

Ein heißer Juli kam ins Land und ein warmer August folgte. Bis in den September hinein gingen ständig neue Blüten auf. Emilia wunderte sich über das Blühpotenzial, das sich nicht erschöpfen wollte. Bienen und Ligusterfalter umsurrten und umflügelten die Pflanze wie eine besonders appetitliche Droge, bis in die Dämmerung tauchten sie ihre Köpfchen in die Kelche. Die Nachbarn jedoch beäugten ihren Garten mit kritischen Blicken, ob nicht doch eine Invasion daraus hervorbrechen wollte. Max, samt Tibor, hatte die Route seiner Spaziergänge in ein anderes Viertel verlegt. Emilia konnte an ihrem «Schierling» nichts Unheimliches mehr finden.

An einem der letzten lauen Abende saß sie mit Lorenz zusammen auf der Gartenbank. Der schwarze Käfer lag auf dem Rücken. Der Nachbar saß über ihn gebeugt und fuhrwerkte mit einem Schraubenzieher darin herum. Das Ding hatte wohl einen Stein ins Getriebe bekommen.

«Es ist kein Schierling! Schau nur, wie schön er ist!», rief Emilia, als Cleo an ihrem Garten vorbeitrabte.

«Schierling, Goldrute, falsche Mimose, Stachelgurke, alles einerlei – man trägt Verantwortung für die heimische Flora», sagte sie und wollte nicht einen Blick auf die Blüten werfen.

Da streckte Emilia ihr die Zunge heraus und schnitt eine Grimasse dazu. Lorenz sagte keinen Ton. Aber er nahm ihr die Bierflasche aus der Hand und trank sie in einem Zug leer. Emilia streckte die Beine aus, reckte den ganzen Körper, bis es in den Gelenken krachte. Die rosaroten Flämmchen des «Schierlings» glommen in der Dämmerung. Es war nun gut. Alles.

Zum Schluss

Schreiben wäre beinahe ein einsames Geschäft, gäbe es nicht die Menschen, die auf ihre ganz spezielle Weise dazu beitrugen, dass aus Rohtexten die zwölf in diesem Band versammelten Erzählungen wurden. Besonders jene Menschen, die den Mut haben, auf schwammige Gedanken hinzuweisen, Schwachstellen auszuleuchten oder zu radikalen Streichungen zu raten, sind wichtige Haltegriffe auf dem Weg. Aber auch jene, die Selbstzweifel zerstreuen können (wenigstens für eine Weile) oder bedingungslos an einen glauben und verhindern, dass man das Handtuch wirft.

Namentlich nennen möchte ich Lukas Hartmann, Susanne Mathies, Petra Bockmühl, Roman Banzer, Verena Bühler, Frank van Eck und Lisa Frick, die mit ihren Kommentaren und Anregungen einiges zum Gelingen mancher Erzählung beitrugen. Ganz besonders erwähnen möchte ich die beiden «Literatten» Jonathan Huston und Stefan Sprenger, die sich nicht scheuten, eine scharfe Lupe über einige Texte zu halten, und die mir – nicht immer ganz schmerzfrei – ermöglichten, meine Geschichten auch unter anderen Blickwinkeln zu sehen, um sie dadurch weiterzuentwickeln.

Natürlich denke ich gern an viele Gespräche mit meiner Familie, mit Freunden, Freundinnen und Bekannten, die mir zuhörten und sich mit mir freuten, dass dieses Buch zustande gekommen ist.

Einem Buch einen Titel zu geben scheint schwieriger zu sein als einem Kind einen Namen. Impulse für die Titelfindung gaben folgende Personen: Maria-Luise Schwizer, Roman Banzer, Jonathan Huston, Philipp Zünd, Corinne Weder, Lisa Frick, Petra Bockmühl, Nancy Barouk-Hasler, Josef Hürlimann, Patrik Neff und Anouk Joliat.

Besonders glücklich kann ich mich schätzen, dass Martin Zingg sich spontan dazu bereit erklärte, das Lektorat der Texte zu übernehmen. Manche seiner Vorschläge waren kleine, saure Äpfel, in die ich schließlich doch gebissen habe. Wenn ich Perspektiven vermischte oder glaubte, ich könne mich mit einem unscharfen Ausdruck über eine undichte Stelle hinwegstehlen, wenn ich einen Murks mit dem Konjunktiv veranstaltete oder unwichtigen Ballast mitschleppte, überall da schuf Martin Zingg Klarheit. Auch auf die große Form legte er sein Augenmerk und gab wichtige Anregungen, um die Reihenfolge der Texte zu komponieren. Nie versuchte er beim ganzen Arbeitsprozess, aus mir jemand anderen zu machen.

Maria-Luise Schwizer kümmerte sich darum, mich auf dem Umschlag ins rechte Licht zu rücken: Sie übernahm die Aufgabe, mich zu fotografieren. Und hatte es nicht ganz leicht mit mir.

Korrektorin Erika Krammer-Riedl ließ ihr Adlerauge schweifen und verhalf den Texten zum letzten Feinschliff.

Die Idee des Rucksacks auf dem Cover setzte Susanne Smajic illustrativ um, es ist ihr auf poetische Weise gelungen.

Es gäbe keine Bücher ohne Verleger: 2014 fragte mich Frank van Eck, ob ich Interesse hätte, in dieser Buchreihe zu publizieren. Dass er damals auf mich zukam, freut mich sehr. Und dass er nach zwei Jahren immer noch bereit war, das Buch mit mir zu machen, ebenso. Seine klaren Haltungen zu meinen Texten schätze ich genauso wie seine Begleitung durch den ganzen Ablauf.

Dass die Familie Marxer durch diese Buchreihe Autorinnen und Autoren ermöglicht, eine Erstpublikation zu realisieren, ist eine großzügige Geste und ein Geschenk an die Literatur.

Zum Schluss ein paar Worte zu einem besonders wichtigen Menschen in meinem Leben: meiner Tochter Lisa, die mich immer wieder motivierte, an mich glaubte und trotzdem gnadenlos Kritik übte, die geduldig «Wohnzimmerlesungen» ertrug und darüber hinwegschaute, wenn ich mit dem Kopf anderswo war. Was leider – oder vielleicht zum Glück – häufiger vorkommt.

Ihnen allen gilt mein herzlichster Dank.

«Gedächtnisreihe Ludwig Marxer»

Diese Reihe gedenkt des verstorbenen Autors
Ludwig Marxer (1968-2006)
mit dem Zweck, angehenden Autorinnen und Autoren
die Chance zu bieten,
ihre noch unveröffentlichten Manuskripte
in einem Verlag unterzubringen.
Ludwig Marxer brachte seinen Erstlingskriminalroman
im Jahr 2002 unter dem Titel «Die Schwester» heraus.
Postum wurden im Jahr 2006 seine Kurzgeschichten
«Tödliches Dreieck» veröffentlicht.
Beide Bücher sind im van Eck Verlag erschienen.